JN278801

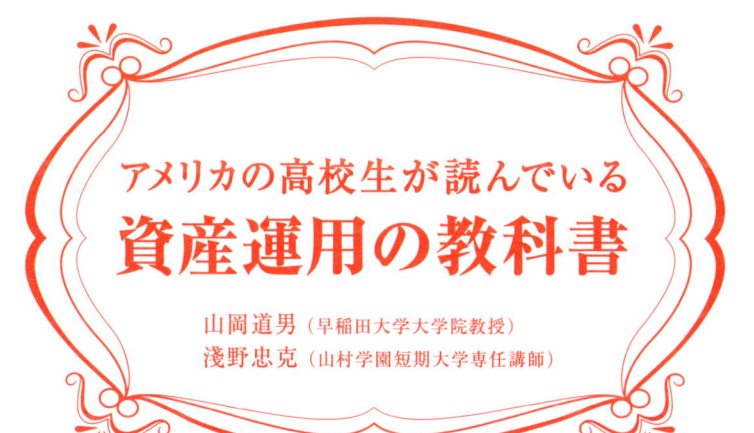

アメリカの高校生が読んでいる
資産運用の教科書

山岡道男（早稲田大学大学院教授）
淺野忠克（山村学園短期大学専任講師）

アスペクト

編集協力　松井克明
装丁・本文デザイン・イラスト　引地摩里子
図表制作　片山菜穂
本文DTP制作　株式会社センターメディア

はじめに
パーソナルファイナンスで格差社会を生き残れ！

もし、給料が手数料と利息で消えてしまったら……

　もし、あなたがこんな世の中に住んでいたら、どうでしょうか？
　今日は待ちに待った給料日（Payday）、ところが、給料は今の日本のように銀行振込でもなければ現金手渡しでもありません。
　給料の金額が書かれた小切手を経理の担当者から手渡されるのです。
　小切手を現金にするには銀行で換金してもらう必要があります。
　あなたが当座預金の口座をもっていれば、小切手をそのまま預金できるのですが、残念ながらあなたは当座預金の口座をもっていません。
　それどころか、銀行では普通預金の口座をもつだけでも手数料がかかるため、生活にあまり余裕のないあなたは銀行を利用しようとはしません。また、所得が不安定なため、銀行側の信用もありません。
　そこで、**あなたは小切手を現金化するために、小切手換金店（Check-cashing outlet）に向かいます。**
　小切手換金店は、通貨交換所ともいわれますが、最近は街に増えてきました。
　小切手換金店では、換金1万円ごとに1000円の手数料がかかりま

す。**額面20万円の小切手の現金化には、2万円の手数料がかかるため、実際に手にできるのは18万円**ということになります。

ところで、2週間前に生活費が足りなくなったあなたは、この小切手換金店に5万円を借りていました。

小切手換金店はShort-term lender（短期ローンの貸金業者）も経営しています。「**ペイデー・ローン（給料日までの借金）**」の貸し手というわけです。

つまり、5万円の返済日は今日です。

この**ペイデー・ローンでは、1万円を借りるごとに1500円の手数料がかかり**、貸付期間は2週間です。**今回借りたのは5万円ですから、手数料は1500円×5＝7500円です。返済は先延ばしにできますが、その場合は2週間ごとに7500円の手数料が新たにかかります。**

あなたの給料20万円は、まず小切手の換金手数料2万円を引かれて18万円になり、さらに、5万円の借金の返済が手数料込みで5万7500円。

20万円－2万円－5万7500円＝12万2500円

たちまち12万2500円になってしまいました！

もちろん残ったお金は生活費や家賃に消えていきます。

……これは、さすがにきついものがあります。そこで、今回はペイデー・ローンの返済を先延ばしにすることにしました。とりあえず、しばらくは安泰です。

ところで、あなたはずっとテレビが欲しいと思っていました。

幸いなことに、**一定期間、レンタル料を払い続けると、自分の所有物になるという「Rent-to-own」というサービス**を近所の家電専門店が提供していることを知りました。

この家電専門店では新品のテレビが2万円で売られていますが、今のあなたの給料ではいっぺんに2万円を払うことができません。買おうとしたら、また借金をしなければなりません。
　Rent-to-ownを利用すれば、**毎週たった850円のレンタル料を払うだけで、店からテレビやその他家電製品、家具などを借りることができます。**
　店員によれば、78週間にわたってレンタル料を支払い続ければ、テレビを自分のものにできるというではありませんか。
　これで今日からテレビを見ることができます。人生がハッピーになります！　あなたは大喜びでRent-to-ownを利用します。
　……しかし、本当にハッピーでしょうか？
　よく考えてください。Rent-to-ownというサービスは78週間（1年半）にわたって850円を払い続けるのです。

　850円×78週間＝6万6300円

　6万6300円……、何と一括払いで買うときの3倍以上の価格ではありませんか！
　しかも、あなたはさっき今月の生活費がきついからという理由で、ペイデー・ローンの返済を先延ばしにしてしまいました。つまり、再び7500円の手数料を取られるわけです。
　給料が入るまでのつなぎとして借りたペイデー・ローンは、このまま延ばし延ばしにしていると、返済する利息は年利換算で400〜600％にもなります。
　こんな調子では、**生きている限り、あなたは延々と手数料や利息を支払わされることになるのです！**

……「もし」の世界でよかったですね。

しかし、こんな世界は現実にあります。

それは世界第一の経済大国、アメリカ合衆国です。

移民や低所得層（年収2万5000ドル以下で、雇用が安定せず、住所を転々とする人々）が当座預金の口座が作れずに、銀行のシステムさえも利用していないのです。彼らはUnbankな生活を送っています。

UnBankな生活とは……

- 給料として受け取る小切手を小切手換金店で現金化する。
- 利息の高いペイデー・ローンで借金をする。
- Rent-to-ownで割高なお金を払って高額商品を入手する。

普段の生活で、ここまで手数料や利息がかかれば、お金を貯めることなんてできません。また、所得も上がっていきません。

これでは、裕福な人たちとの格差は広がる一方でしょう。こうした状況にいるのは**アフリカ系アメリカ人の世帯の50％、ヒスパニック系住民の世帯の29％**ともいわれています。

彼らは利息が増え続けることに気が付かずに、ある日、返済がストップしてしまいます。個人破産です。

アメリカでは、2005年についに個人破産者の数が200万人を突破してしまいました。

アメリカには日本のような利息制限法がありません。各州ごとの対応になります。上限を30％としている州が多いのですが、上限を定めていない州もあります。これは、市場に上限をゆだねているか

らです。

　このために、アメリカでは学生に対する**パーソナルファイナンス教育**が盛んです（この場合、パーソナルファイナンスは「**消費者のための金融教育**」といった訳になるでしょうか）。

　……こうした話を聞くと、対岸の火事とばかりに「いやあ、ニッポンに生まれてよかった！」などと素直な感想をもつ方も多いでしょう。

　しかし、今や日本もパーソナルファイナンスの勉強が必要になってきたようです。

　21世紀に入って、「**市場原理**」「**自己責任**」といった言葉が日本でもよく聞かれるようになりました。また、「貯蓄から投資へ」なんていうことも、テレビや新聞で盛んに吹聴されています。

街を歩けば、消費者金融の広告が乱立し、銀行をはじめとする金融機関はカードローンサービスの営業に余念がありません。こんな風潮に流されて、利息がどれくらいのスピードで増えるのか知らずに安易にお金を借りていたら、あっという間に自己破産に陥ってしまうでしょう。
　日本でも自己破産者は毎年14万人前後います。最近は利息の上限の規制が厳しくなったり、自己破産者の救済を積極的に請け負う弁護士が増えるなど、サポート体制ができたために、減少傾向にあります。
　しかし、「**格差社会**」という言葉も、アメリカだけのものではなくなったことに気付かされることが多くなったのではないでしょうか。
　アメリカには、小学生から高校生向けにパーソナルファイナンスを研究しているNCEE（アメリカ経済教育協議会）という団体があります。NCEEは、幼稚園児から大学生までを対象に、経済リテラシーを高めることを目的に1949年に設立された非営利組織です。
　この本は、NCEEとともに経済リテラシーとパーソナルファイナンスの教育を研究している私たち（山岡、淺野）が、日本人向けにパーソナルファイナンスを講義したらどうなるか？という設定で編集したものです。
　学生の方から社会人、さらには老後のライフプランをお考えの年配の方まで、幅広い方にわかりやすく説明するとともに、なるべく身近なことや実際に起きたことを例に挙げながら説明をしました。
　さあ、パーソナルファイナンスの講義のはじまりです。

目次

はじめに　　パーソナルファイナンスで格差社会を生き残れ…………3

パーソナルファイナンスの基本　その1
かしこい預金術 複利のマジック　…………15

パーソナルファイナンスの基本　その2
かしこい運用術 72、114、144のルール　…………20

パーソナルファイナンスの基本　その3
複式簿記のコツ バランスシートの使い方　…………24

第1章　「お金を稼ぐ」かしこい方法　収入の巻

仕事のかしこい選び方　Cost benefit analysis
　——費用・便益アプローチ　…………40

働く理由　Incentive
　——賃金が働くきっかけになる　…………48

賃金はどう決まる？ Pay
——賃金はあなたのスキルの価格です…………55

人を雇うコスト Labor cost
——派遣社員と正社員の違い…………61

人的資本 Human capital
——スキルを輝かせる！…………69

可処分所得 Disposable income
——収入＝自由に使えるお金ではない…………72

第2章 「お金を貯める」かしこい方法　資産運用の巻

金融機関 Financial institution
——間違いだらけの金融機関選び…………78

パーソナルファイナンス式家計簿 Household account book
——お金はどこに消えたのか？…………84

3つのゴール Three Kinds of Goals
——将来のあなたが欲しいものは？…………89

負債 Debt
——良い借金、悪い借金…………96

中央銀行　Central bank
——中央銀行があなたの財布を握っている！…………103

インフレーション　Inflation
——もしあなたが日本銀行の総裁なら…………107

実質金利とインフレリスク　Real interest rate
——資産がどんどん減っていく！…………115

第3章 「お金を借りる」かしこい方法　ローン＆クレジットの巻

お金を借りる　Borrowing
——「ご利用は計画的に」の「計画的」って？…………122

返済方法　Repayment
——利息はどれだけ膨らむか…………125

ライフプラン　Life plannig
——家計は2度破産する！…………130

ノンバンク　Non-bank
——あなたの利息が会社の利益になる…141

個人信用情報機関　Unbanked households
——自由の国アメリカの現実…147

第4章 「お金を増やす」かしこい方法 投資の巻

投資　Investing
　──投資と投機の違いとは …………154

ねずみ講　Pyramid scheme
　──必ず儲かる話はない！ …………160

株式投資　Stock investment
　──少しだけ企業のオーナーになる …………165

株式市場　Stock market
　──「株式」の新聞はここを見る！ …………170

損益計算書　Income statement
　──企業の成績表をもとに投資する …………176

債券投資　Bond investment
　──企業や国にお金を貸す …………179

長期金利　Long yield
　──株式と国債の人気は反比例する …………184

投資信託　Mutual funds
　──実は、投資信託選びも難しい！ …………191

リスク・ピラミッド The risk pyramid
――多角化・分散化のために …………197

ワールド・リスク・ピラミッド The world risk pyramid
――金融商品のリスクを知る …………202

第5章　「お金を守る」かしこい方法　リスクマネジメントの巻

リスクヘッジ Risk hedge
――あなたの味方は時間、敵はインフレ …………208

海外への投資 Investment in foreign countries
――お金は成長率の高い国に集まる …………212

外国為替 Foreign exchange
――為替予約とFX …………217

保険 Insurance
――保険でリスクを管理する …………222

おわりに …………228
巻末付録　パーソナルファイナンスの公式集 …………229
補論「72のルール」…………238
索引 …………240

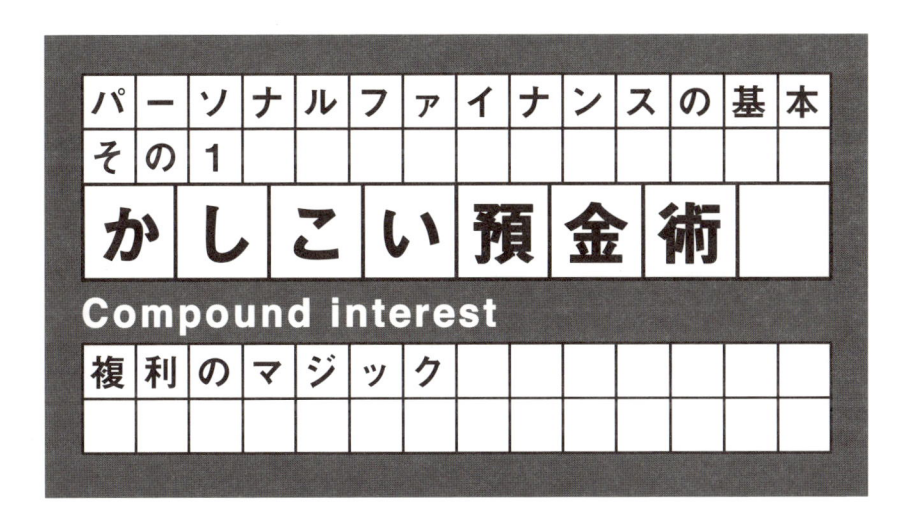

パーソナルファイナンスの基本 その1
かしこい預金術
Compound interest
複利のマジック

いったい、どんな人が億万長者になるのか？

・たいていの億万長者は、週40時間以下しか働いていない。
（正解はNO）
・たいていの億万長者は、スポーツ、芸能、ITといった派手な職業に就いている。
（正解はNO）
・結婚している人より、独身者の方が億万長者になる確率が高い。
（正解はNO）

　……米国の高校生は経済の授業で、上のようなクイズに「YES」「NO」で答える「億万長者ゲーム」を行います。
　質問項目はすべて米国の億万長者の傾向を分析したものです。
　その中に次のような問題もあります。

・22歳から65歳まで毎年2000ドル（約22万円）を年8％の複利で貯蓄すると、65歳のときには70万ドル（約7700万円）を超えて

いる。YESか、NOか？

これはYESが正解です。

ここに出てくる**「複利」とは利息が、元金に組み込まれて、それに対してさらに利息が付く仕組みです**。つまり、年8％の複利という場合は、年に元金の8％が利息になって、元金に加わります。

また、その翌年には（8％増えた）元金にさらに8％の利息が付いて、元金に加わるのです。

たとえば、**2年目には1年目の貯蓄22万円（約2000ドル）**が、（8％の利息が付いて）23万7600円になります。

ここに2年目分の20万円の貯蓄がプラスされて**43万7600円**です。

これが3年目には（8％の利息が付いて）47万2600円になります。さらに3年目分の20万円の貯蓄をプラスして**67万2600円**。

4年目には……、といった具合です。

このように貯蓄を続けると、65歳の時点で7700万円（約70万ドル）を超えている計算になります。

では、もう1問いきましょう。

・18歳のときにタバコを吸わないで、毎日2ドル（約220円）貯蓄することに決めた。67歳の時点では、貯蓄額は30万ドル（約3300万円）になっている。YESか、NOか？

これもYESが正解です。

毎日、2ドル（約220円）を年8％の複利で貯蓄すると、67歳の時点で30万ドル（約3300万円）になります。

これも同様の複利効果です。

何と、両方の貯蓄を実践すれば、**約7700万円＋約3300万円で約1億1000万円**。気が付けば億万長者になっているのです。

複利のマジック　雪山を転がるように！

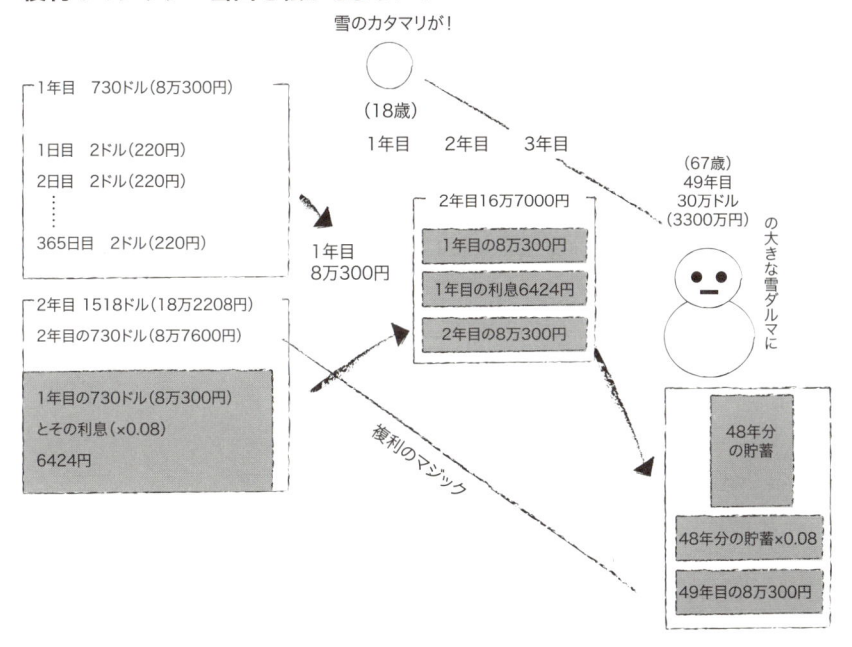

- 1年目　730ドル（8万300円）
  - 1日目　2ドル（220円）
  - 2日目　2ドル（220円）
  - ⋮
  - 365日目　2ドル（220円）
- 2年目　1518ドル（18万2208円）
  - 2年目の730ドル（8万7600円）
  - 1年目の730ドル（8万300円）とその利息（×0.08）6424円

雪のカタマリが！

（18歳）
1年目　2年目　3年目

1年目 8万300円

2年目16万7000円
- 1年目の8万300円
- 1年目の利息6424円
- 2年目の8万300円

複利のマジック

（67歳）
49年目
30万ドル
（3300万円）

の大きな雪ダルマに

- 48年分の貯蓄
- 48年分の貯蓄×0.08
- 49年目の8万300円

　億万長者になるためには、何か特別なお金儲けをする必要があると思っているとしたら、それは大きな間違いです。
　こうした**規則正しい貯蓄の習慣と複利のマジックが億万長者を作る**のです。
　ただ、複利のマジックをいかすためには、ある程度は利率が高いことが必要です。世の中には銀行預金よりも利率が高い株式、債券、投資信託といった金融商品がたくさんあります。
　もちろん、利率が高いほど預けたお金は増えますが、反面、高利率であるほど元本割れなどの危険性（リスク）が高かったり、極端な場合、違法（たとえば出資法違反など）だったりします。
　そこで、なるべくリスクの低い、安全性の高い金融商品を選ぶ目

かしこい預金術

をどうやって養うべきか……。

これがアメリカの高校生が学んでいる経済学の1つ、パーソナルファイナンスです。

パーソナルファイナンスとは、個人資産の管理・運用に関する知識のことで、資本主義社会でお金に不自由しない生活を送るのに必要な知識を身に付けようということです。

本書の前作『アメリカの高校生が読んでいる経済の教科書』では、「**インセンティブ（経済的誘因）**」によって世の中がどう動いているかをご説明しました。

インセンティブとは、あるときは報酬、またあるときは価格という形で、人々が特定の活動とのかかわりを増やしたり、減らしたりするように促すものです。

たとえば、インセンティブ（報酬）があるから、（お金を稼ぐために）人間は働こうとしますし、会社を興そうという気にもなるのです。

インセンティブはアメにもムチにもなる！
二酸化炭素（CO_2）対策の場合

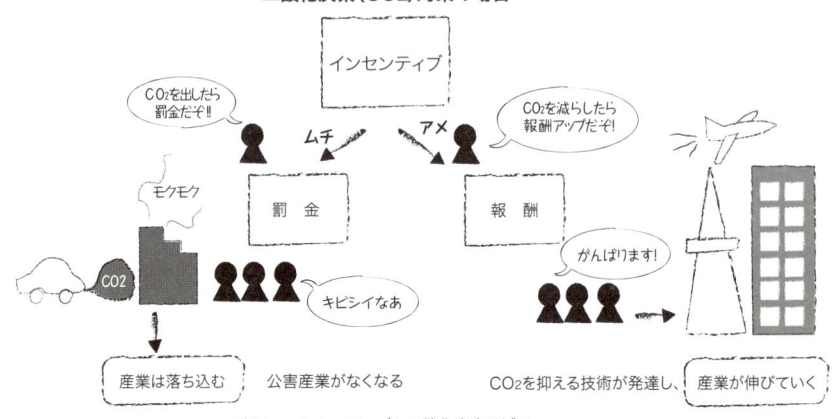

インセンティブ

CO_2を出したら罰金だぞ!!
ムチ　アメ
CO_2を減らしたら報酬アップだぞ!

モクモク　罰　金　報　酬
CO_2
がんばります!
キビシイなあ

産業は落ち込む　公害産業がなくなる　　CO_2を抑える技術が発達し、産業が伸びていく

どちらのインセンティブも二酸化炭素は減る。
ただし、産業が伸びる場合と落ち込む場合がある！

反対に、マイナスのインセンティブ（たとえば罰金）があるならば、特定の行動をしないようになるでしょう。
　また、インセンティブが商品の価格として目の前に現れた場合は、その価格が自分にとって安い（得だ）と思えば買いますし、高い（損だ）と思えば買わない、という意思決定の大きな誘因となるのです。
　インセンティブが世の中を動かす原動力となるのです。
　今回は、インセンティブ同様の原動力となる「利息」が世の中をどう動かしているかというお話をします。
　利息、とりわけ**複利は世の中を動かすパワーをもっている**のです。

☞**複利に対して「単利」という方式があります。単利の場合、元金が一定ならば定期的に受け取る利息も一定なので（つまり元金に利息が組み込まれないために）、複利のようなパワーがありません。**

　あなたは、常に利息を味方に付けておかなければなりません。その理由をこれから紹介していきましょう。

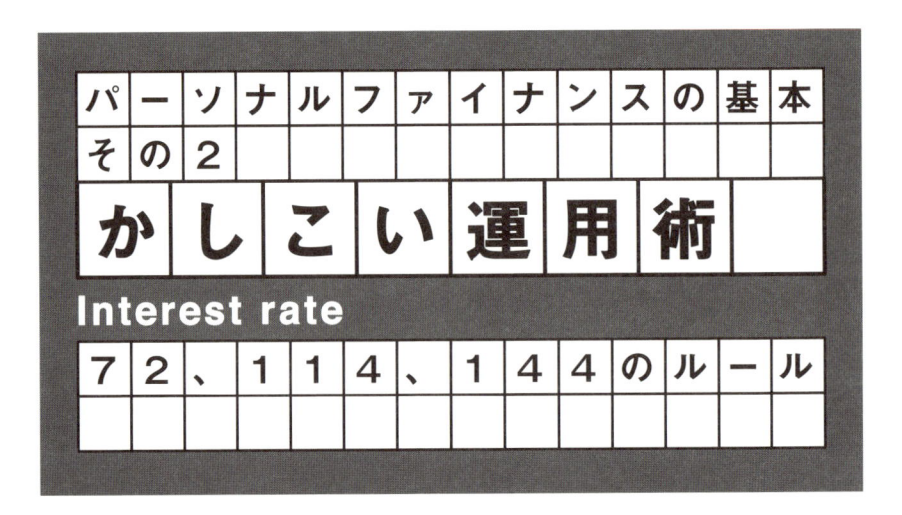

パーソナルファイナンスの基本 その2

かしこい運用術

Interest rate

72、114、144のルール

利息のスピードを知る公式

　利息が膨らむスピードは一定ではありません。
　利率に左右されます。
　冒頭の億万長者ゲームの「年8％の複利で貯蓄すると……」といったときの「8％」が利息のスピード（利率）です。
　このスピードをわかりやすくしてくれるのが、**72のルール（プリンシプル）**、**114のルール**、**144のルール**です。
　これらの数字をそのときの金利（複利）で割ると、それぞれ、2倍、3倍、4倍になるまでのだいたいの年数が出るのです。
　72を金利（％）で割れば、2倍になるまでのおおよその年数がわかります。
　たとえば、年利（複利）が1％であれば、

　72÷1＝72

元金が2倍になるまでに約72年かかります。
　また、**年利（複利）が7.2％であれば、**

72÷7.2＝10

　約10年で元利の合計が元金の2倍になるということがわかります。
　72ではなく、114の場合。**114を金利で割れば、3倍になるまでのおおよその年数がわかります。**
　年利（複利）が1％であれば、

114÷1＝114

　元金が3倍になるまでに約114年かかるということがわかります。
　年利が11.4％ならば、

114÷11.4＝10

　約10年で元利の合計が元金の3倍になるということがわかります。これが「114のルール」です。
　また、「144のルール」では、**144を年利で割れば4倍になる、だいたいの年数がわかります。**

☞元金が2倍になる年数を算出する「72のルール」は、本書の前作『アメリカの高校生が読んでいる経済の教科書』でも反響が大きかったポイントです。今回は3倍、4倍になるルールもお教えします。

かしこい運用術

最近の消費者金融の金利は14.4％前後という設定が多いのですが、この利率で144を割ってみましょう。

144÷14.4％＝10

約10年で元利の合計が元金の4倍になるということがわかります。
消費者金融に借りていて、返済をしないでいると10年後には4倍に膨らんでしまうのです！
また、先ほどの億万長者ゲームのような8％の利率をそれぞれのルールに当てはめてみましょう。

72÷8＝9と、9年で倍に。
114÷8＝14と、14年で3倍に。
144÷8＝18で、18年で4倍になることがわかります。

☞72のルール、114のルール、144のルールは、対数logの計算によって作られました。logは、日本の高校の授業でも出てきます。これ以上詳しいことを知りたい方は、巻末の補論（238ページ）をお読みください。

「時は金なり」の本当の意味

時間を味方に付けることの大切さがおわかりいただけたと思います。
時間がたつほどに、金利は大きな差となって現れます。
これを英語でいえば、「Time is money.」ということになります。

この言葉がここまで有名になったのは、アメリカ独立宣言を起草したベンジャミン・フランクリンが使ってからです。

　日本語で言えば「時は金なり」、つまり時間はお金と同様に大事なものだといった意味で使われますが、**「時間を味方に付ければ、利息が利息を呼んで、億万長者になることができる」**という意味ももつことがおわかりいただけたでしょう。

　お金は時間の増加関数です。増加関数とは**時間が延びれば延びるほど、お金の額も増加するということです。**

　たとえば、預金する期間が長ければ長いほど、利息が増えて元利合計の受け取り額は大きくなりますし、同様に借りている期間が長いほど、元利合計の返済額は大きくなります。

　このお金と時間の関係を知っているのと知らないとでは、世の中や人生がまったく違って見えるはずです。

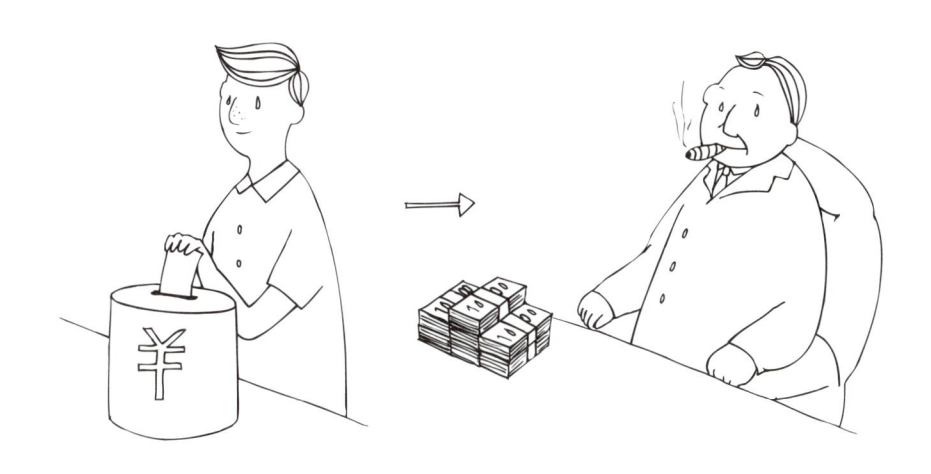

パーソナルファイナンスの基本 その3
複式簿記のコツ
Double-entry bookkeeping
バランスシートの使い方

自分の資産を「見える化」する！

「利息によって自分の資産（借金も含む）がどう変わるのか」はなかなか目には見えません。しかし、目に見えるようにする方法があります。それが「バランスシート」です。

　バランスシートはそのときどきの資産と負債と自己資金（純資産）がひと目でわかるようにした表です。日本語で「貸借対照表」といいます。

　なかなか見慣れていないでしょうから、ごく簡単な例として、ある高校生のバランスシートを見てみましょう。

　左側（借方）は、預貯金1万円、iPod 1万円、CD 2000円、マンガ 500円です。右側（貸方）は親から借りた1万円と自己資金1万5000円です。

　左欄には皆さんが自由に使えるお金とそれで購入した物品（財産）などを記入します。その自由に使えるお金はどこからきているかを右欄に記入します。

ある高校生のバランスシート

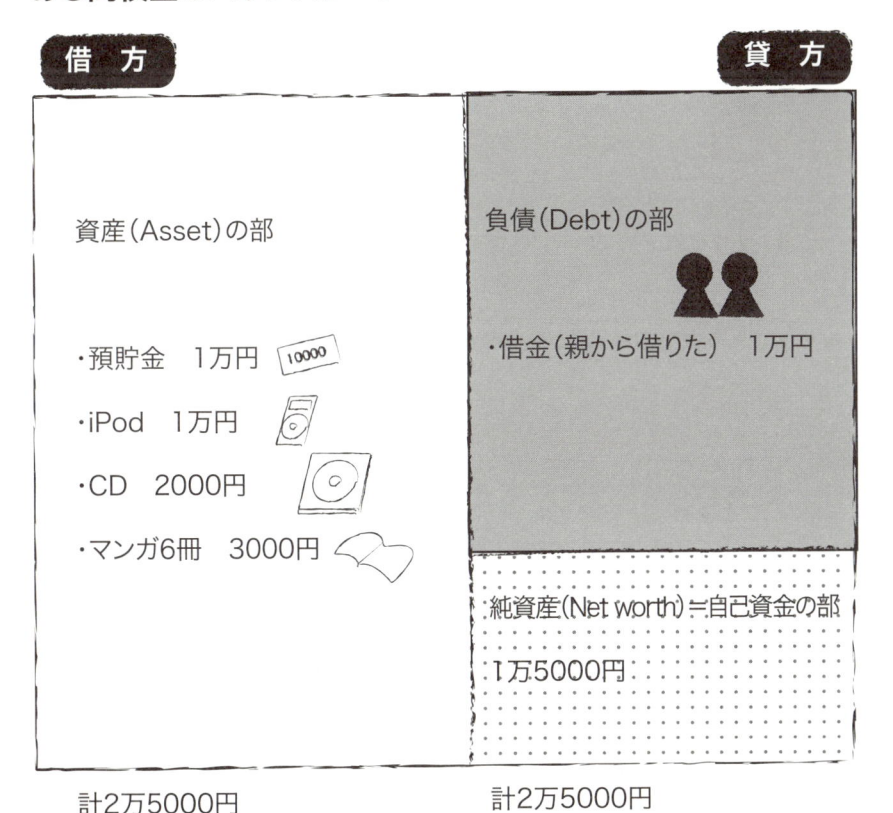

借方

資産（Asset）の部

・預貯金　1万円
・iPod　1万円
・CD　2000円
・マンガ6冊　3000円

計2万5000円

貸方

負債（Debt）の部

・借金（親から借りた）　1万円

純資産（Net worth）≒自己資金の部

1万5000円

計2万5000円

　たとえば、おこづかいやアルバイト収入あるいは、親から借金したお金などを書いていきます。
　その借りたお金で買ったのがiPodです。
　左欄と右欄は同じ高さになることからバランスシートと呼ばれています。
　通常は、このバランスシートは日々の家計簿を積み重ねて作られ

複式簿記のコツ　25

ていきます。家計簿の付け方にはいろいろな方式がありますが、パーソナルファイナンスには「**複式簿記**」という方式で付ける方法があります。

複式簿記というと難しく聞こえるかもしれませんが、コツは簡単です。

まずは、記入するのは左欄か右欄か、あらかじめ決まっています。**資産（Asset）、負債（Liability）、自己資金（純資産　Net worth）**と種類に応じて、記入する場所が決まっています。

資産は左側、負債（借金）と自己資金（純資産）は右側に記入します。

資産とは、皆さんが自由に使えるお金とモノ（商品、不動産など）です。

負債と自己資金（純資産）の違いは、そのお金とモノはどこからきているかによります。誰かから借りているお金（負債）なのか、返す必要のないお金（自己資金）なのかという違いです。

たとえば、欲しいものを買うために親から「借りた」お金は負債になりますし、親から「もらった」おこづかいや「自分で稼いだ」アルバイト収入は返さなくていいので自己資金（純資産）です。

つまり、**右側の負債と自己資金（純資産）を基にして、自由になるお金（資産）ができるのですから、右側の負債と自己資金（純資産）の合計と左側の資産は常に金額が同じになる**はずですよね。

複式簿記は左右のバランスをとる（同じ高さを保つ）ために、増えた資産（お金）は左欄（右欄にはその増えた理由を）に、資産を取り崩したときは、左側には取り崩した理由を書き、ルールと反対側の右欄に。負債が出たときは右欄に、負債を返済したときは、ルールと反対側の左欄に記入していきます（バランスをとるように反対側にその理由を書きます）。

これを「**仕訳（しわけ）**」といいます。

たとえば、最初に親からおこづかい（5000円）をもらいました。
現金（資産）を左側におこづかい（返さなくてもいい自己資金）を右側に記入します。

現金　5000円　／　おこづかい（返さなくていい）　5000円

その現金で、CD（2000円）とマンガ本6冊（500円×6冊）を買いました。**購入した物品（資産）を左側に、購入に支払ったお金の出所を右側に記入します。**

CD（資産の増えた分）2000円／自己資金（お金の出所）　2000円

マンガ6冊（資産の増えた分）3000円／自己資金（お金の出所）3000円

次に親から1万円の借金をして、iPodを買いました。
この借金で1万円の現金が資産になりました。
iPodを左側に、購入代金（お金の出所）を右側に記入します。

現金　1万円　　／　　借金（負債）　1万円
iPod　1万円　　／　　自己資金（お金の出所）　1万円

半年がすぎました。あなたが購入したiPodは、たまたま限定品で

ある高校生のバランスシート

借　方	貸　方
資産(Asset)の部 ・預貯金　1万円 ・iPod　1万円 ・CD　2000円 ・マンガ6冊　3000円	負債(Debt)の部 ・借金（親から借りた）　1万円 純資産(Net worth)≒自己資金の部 1万5000円
計2万5000円	計2万5000円

あったため、価値が上がっていました。友人がこのiPodを1万5000円で譲ってほしいといってきました。あなたは快く譲ります。

1万円で買ったものが1万5000円で売れて、思わぬ5000円の利益です。

この場合の仕訳は次のようになります。

売上（現金）　1万5000円　　／　　iPod　1万円
　　　　　　　　　　　　　　　　　販売益　　5000円

こうしたやりとりを仕訳帳に付けていきます。この仕事は企業で

仕訳

・「おこづかいをもらった」仕訳は❓
現金　5000円　／　おこづかい（返さなくていい）　5000円　……現金という資産が増えた

・「その現金でCDとマンガ6冊を買った」仕訳は❓　……資産の現金が減ってCDと
CD　2000円　／　自己資金　2000円　　　　　　　　マンガという資産が増えた
マンガ　3000円　／　自己資金　3000円

・「親から1万円の借金をしてiPodを買った」仕訳は❓　……借金（負債の部）をして
現金　1万円　／　借金（負債）　1万円　　　　　　　現金（資産の部）が増えた
iPod　1万円　／　自己資金　　　1万円　　　　　　……資産の現金が減ってiPodが増えた

・「1万円のiPodが1万5000円で売れた！」仕訳❓
売上（現金）　1万5000円　／　iPod　　　1万円
　　　　　　　　　　　　　　　販売益　5000円

バランスシート上はこういう取引になる

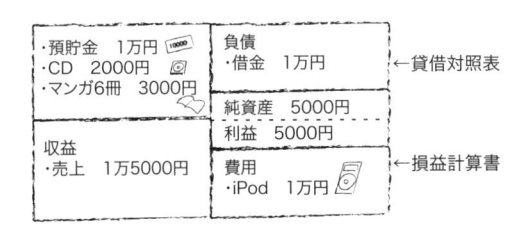

資産	負債
・預貯金　1万円	・借金　1万円
・CD　2000円	
・マンガ6冊　3000円	
	純資産　5000円
	利益　5000円
収益	費用
・売上　1万5000円	・iPod　1万円

←貸借対照表

←損益計算書

複式簿記のコツ　29

あれば、経理部の仕事です。専門的な資格として簿記検定、専門的な職業として税理士、公認会計士があります。

やりとりを、ある時点で「現金」は「現金」、「借金」は「借金」、「売上」は「売上」などと分類していきます。そして、最終的にバランスシートとしてまとめます。つまり、**バランスシートはそのときどきの資産と負債と純資産がわかるようになっているのです。**

さらに、バランスシートの下段には「損益計算書」が入ります。

損益計算書は、収益と費用と（収益から費用を引いた）純利益がわかる計算書です。 この純利益の部が（配当金などを分けたあと）、翌会計年度では資本となり、純資産の部に加わります。

複式簿記、バランスシートは16世紀にベネツィアで発明されたものですが、人類の大発明の1つといわれています。本来は会社や商店などの企業の運営に使われます。

複式簿記、バランスシートは、ビジネスをしたときに、どれだけのお金が入ってきて、どれだけの借金をして、どのようなお金の使い方をしているか、あるいは資産がどれだけあるかがわかるスグレものなのです。商業高校で重要なのが、この複式簿記の習得です。

家計のバランスシートの作り方

バランスシートは一般家庭（家計）でも利用することができます。

バランスシートを使えば、家計の財務内容を把握できるのです。ただし、損益計算書は利益の最大化を目的とする企業向けに作られたため、幸福の最大化を目的とする家計の場合は、次のようなバランスシートの上部分だけで考えた方がいいでしょう。

今回はわかりやすくするため、シンプルにしています。興味をもたれた方は簿記、会計の本をご覧ください。

☞経済学の考え方では、現代社会を、家計、企業、金融、政府、外国という5つのセクター（要素）に分けます。家計は幸福の最大化が目的、企業は利潤の最大化が目的……とそれぞれのセクターで目指す方向が異なります。

　これがバランスシートの理想形です。左欄（正式には「借方」）の資産の部と右欄の負債の部＋財産の部（正式には「純資産の部」）の高さがバランスよく同じになります。
　家計の場合は企業のようにバランスのいいバランスシートにならないことが多いのです。

家計のバランスシート

●理想形

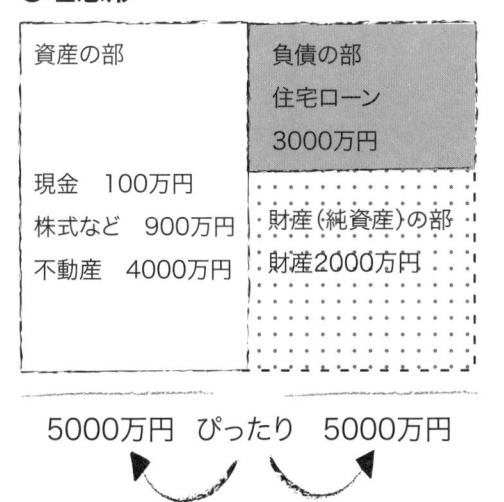

資産の部	負債の部
	住宅ローン 3000万円
現金　100万円	財産（純資産）の部
株式など　900万円	
不動産　4000万円	財産2000万円

5000万円　ぴったり　5000万円

現金収入をアップしたり、株式などの金融資産を増やす、あるいは借金を返済するなどして、支出を収入の範囲内でおさめていればキャッシュフローはプラス（資金余剰）になります。

　キャッシュフローがプラスであれば、自由に使える現金があるということですから、生活に困らないでしょう。

●キャッシュフローがプラスの家計

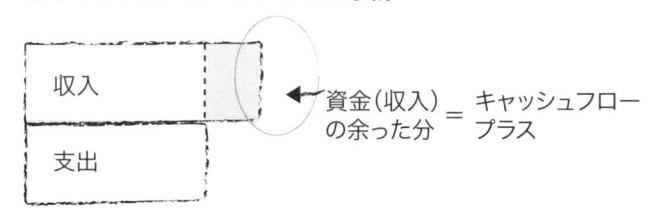

```
┌──────────┬───┐
│   収入   │   │  ← 資金(収入)  ＝ キャッシュフロー
├──────────┘   │    の余った分      プラス
│   支出       │
└──────────────┘
```

　バランスシートでいうと、それまでに借金がなければ、左欄の資産の部と右欄の財産（純資産）の部が一致します（負債の部はゼロとなるため）。

　困るのは、キャッシュフローがマイナスの場合です。

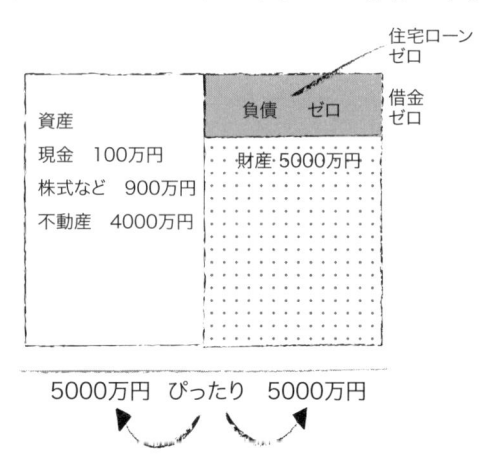

```
                              住宅ローン
                              ゼロ
┌──────────────┬──────────────┐
│  資産        │  負債  ゼロ  │ 借金
│ 現金  100万円├──────────────┤ ゼロ
│ 株式など 900万円│ 財産 5000万円│
│ 不動産 4000万円│              │
│              │              │
└──────────────┴──────────────┘
   5000万円  ぴったり  5000万円
```

32　　パーソナルファイナンスの基本　その3

現金の支出が収入を上回れば、キャッシュフロー（自由に使える資金）はマイナスになります。つまり、現金が不足している状態です。

●キャッシュフローがマイナスの家計

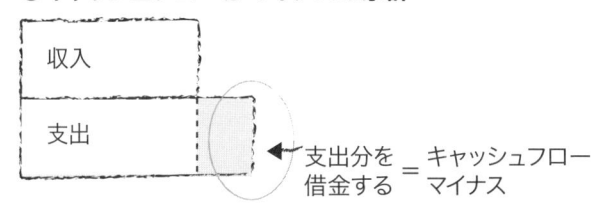

```
┌─────────────┐
│  収入       │
├─────────────┤──┐
│  支出       │  │ ← 支出分を    キャッシュフロー
└─────────────┘──┘   借金する  =   マイナス
```

　通常、マイナス分は借金をして補うことになります。
　このマイナス分（借金）は、バランスシートの右欄に負債として組み込まれます。
　もちろん、バランスはしっかりとれていることが理想ですが、実際の生活ではバランスがとれなくなるケースが多々あります。
　たとえば、念願の一戸建て住宅（不動産資産）を買い、ローンを

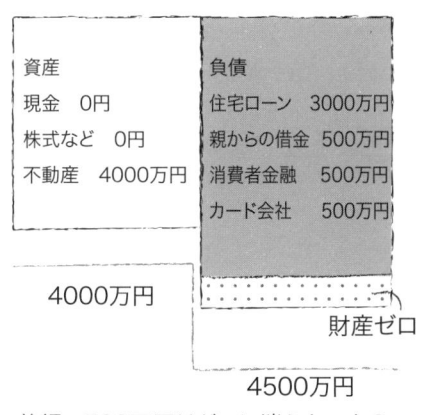

```
┌──────────────┬──────────────────────┐
│ 資産         │ 負債                 │
│ 現金　0円    │ 住宅ローン　3000万円 │
│ 株式など 0円 │ 親からの借金　500万円│
│ 不動産 4000万円│ 消費者金融　500万円│
│              │ カード会社　500万円  │
└──────────────┴──────────────────────┘
    4000万円            財産ゼロ
         4500万円
差額の500万円はどこに消えたのか？
```

複式簿記のコツ　　33

組んだとします。すると、右側の負債の部が大きく膨らみます。
　住宅ローンは住宅の購入資金を銀行に立て替えてもらって、長期間にわたって、元金の一部と利息を定期的に返済していく仕組みです。

　住宅　4000万円　／　住宅ローン　4000万円

　ただし、**実際には購入した時点で中古住宅になり、購入価格よりも資産価値は下がります。そして、バランスシートには時価（その時点での価値）を表示（記入）します。**すると……

　住宅（の実際の価値）　3000万円　／　住宅ローン　4000万円

　こんなアンバランスシート（資産価値の減少による）になってしまいます。

☞**会計の世界**では、資産を取得したときの価格を表示するか、時価にするか、二通りの考え方があります。現在では、時価で表示する「時価会計」を採用することになっています。

　アンバランスシートになるもう1つの場合は、負債が大きく膨らんだ場合です。住宅ローンに加えて、日々の生活費を補てんしたり、自動車を購入するためにクレジット会社などのローンを組んで、負債が膨らんでいく状態です。
　借金したお金を資産にもならないものに無駄遣いしてしまい、負債の部だけが大きく膨らんでしまったのです。

アメリカ人の困ったバランスシート

　たとえば、アメリカの消費意欲が旺盛な人のバランスシートは、右側の負債の部が下の図のように大きく膨らんでいます。
　その多くは、冒頭で紹介したような、銀行を利用しない（Unbankな）生活を送らざるを得ない人々です。

☞ **小切手換金店で高い手数料を払って現金化する。利息の高いペイデー・ローンで借金をする。Rent-to-ownで割高なお金を払って電化製品を購入する**……といった生活です。

アメリカの困ったバランスシート

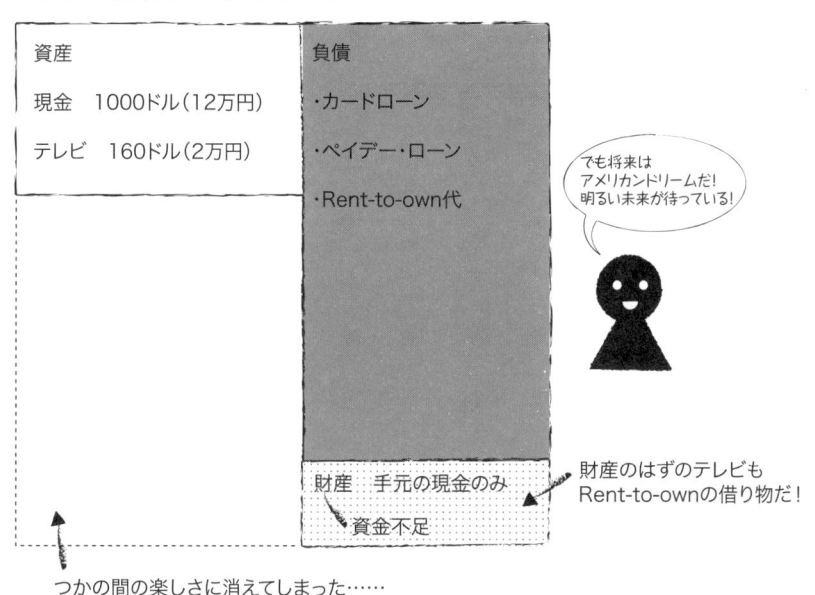

資産	負債
現金　1000ドル(12万円)	・カードローン
テレビ　160ドル(2万円)	・ペイデー・ローン
	・Rent-to-own代
財産　手元の現金のみ	
資金不足	

でも将来はアメリカンドリームだ！明るい未来が待っている！

財産のはずのテレビもRent-to-ownの借り物だ！

つかの間の楽しさに消えてしまった……

複式簿記のコツ

負債には膨らむスピードがあります。そう、先ほどご紹介した利率です。**利率が高いと右側の負債の部が予想もしないスピードで膨らんでいきます。**

　負債の部がどんどん膨らんでいくのに比べて自由になるお金がない、お金の代わりになる資産もない、といった状況で、キャッシュフローがマイナスの状態が続きます。

　借金が減るスピードよりも借金の膨らむスピードの方が速いのですから、いくら働いても生活は楽にならないのです。

　そこへ追いうちをかけたのが、「サブプライムローン（米国の低所得者向け高金利住宅ローン）」です。

　2007年から世界を震撼させているアメリカ発のサブプライムローン問題を引き起こしました。

　サブプライムとは「低所得者向け」という意味で、銀行を利用できない人々を対象とした住宅ローンです。

アメリカの困ったバランスシート（サブプライム編）

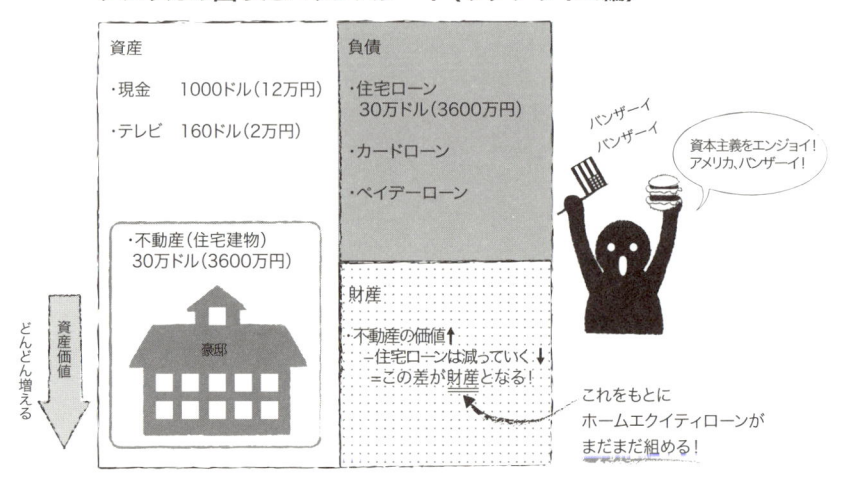

資産	負債
・現金　　1000ドル（12万円）	・住宅ローン　30万ドル（3600万円）
・テレビ　160ドル（2万円）	・カードローン
	・ペイデーローン
・不動産（住宅建物）30万ドル（3600万円）　豪邸	財産 ・不動産の価値↑ －住宅ローンは減っていく↓ ＝この差が財産となる！

（資産価値　どんどん増える）

バンザーイ バンザーイ
資本主義をエンジョイ！アメリカ、バンザーイ！

これをもとにホームエクイティローンがまだまだ組める！

何と、毎日の生活費にも困っているような人々が住宅ローンを組んでしまったのです。

　サブプライムローンが作られた当時、アメリカでは住宅の資産価値がどんどん上がっていた住宅バブルでした。そのためローンを組んでも、バランスシート上で無謀には見えなかったのです。

　しかし、問題となったサブプライムローンには金利が一定ではないという"落とし穴"がありました。

　2年目までの金利は6％程度だったので、低所得者でも何とか住宅ローンを返済できましたし、バランスシート上も問題ありませんでした。

　ところが、2年目以降、金利はいきなり10数パーセントに跳ね上がります。

　このため多くの人がローンを返済できなくなり、さらに小切手換金店、ペイデー・ローン、Rent-to-ownなどへの返済も滞るように

バランスシートにみるサブプライムローン問題

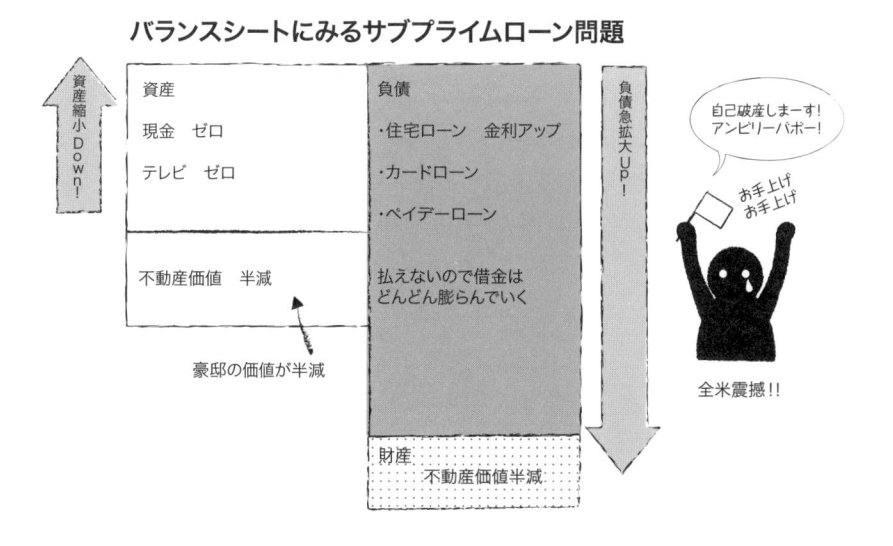

資産	負債
現金　ゼロ	・住宅ローン　金利アップ
テレビ　ゼロ	・カードローン
	・ペイデーローン
不動産価値　半減	払えないので借金はどんどん膨らんでいく

資産縮小Down！
豪邸の価値が半減
負債急拡大Up！

財産
　不動産価値半減

自己破産しまーす！
アンビリーバボー！

お手上げ
お手上げ

全米震撼！！

複式簿記のコツ

なってしまったのです。

　さらに追い討ちをかけるように、不動産バブルがはじけました。不動産価格がガクンと下がったため、バランスシートの資産の部は極端に収縮してしまったのです！

　左欄の資産の部は大きく下がり、右欄の負債の部は大きく膨らんでしまいました。それまであった財産（純資産）はゼロどころか、大きなマイナスになりました。

　不動産バブルだけでなく、各一般家庭のバランスシートも膨らんではじけてしまったのです。この現象は、銀行を利用しない低所得者層だけではなく、消費意欲が旺盛な一般アメリカ家庭の多くにダメージを与えました。

　……こうした困ったバランスシートはアメリカだけのものではありません。もちろん日本にもたくさんあるでしょう。

　こうしたアンバランスシートにしないためにどうすればいいか、または今より大きなアンバランスシートになってしまったらどうすればいいかを、早目早目に考えなくてはいけません。

　72のルール、114のルール、144のルールを利用して、借金が増えるスピードを冷静に把握する。そして、お金がないのにテレビを買うといった目先の欲望に惑わされない。そのためにパーソナルファイナンスの知識が必要なのです！

第1章

「お金を稼ぐ」かしこい方法

収入の巻

仕事のかしこい選び方

Cost benefit analysis

費用・便益アプローチ

あなたが就きたい仕事は何ですか？

　冒頭で紹介したバランスシート（貸借対照表）の「資産（Asset）」の部を増やしていきましょう。そのためには、何らかの職業に就いてお金を稼がなければいけません。

　現代社会は、職業選択の自由が保障されていますから、能力がありさえすれば好きな職業に就くことができます。

　では、あなたが就きたい仕事は何ですか？

歌手
俳優
IT起業家
メジャーリーガー
プロサッカー選手

……こういった人気職業を複数かけもちできれば、すぐに億万長者になれそうです。老後の不安もどこかに消えてしまうでしょう。
　しかし、たいていの場合、こういった職業をいくつもかけもちすることはできません。
　そもそも、ほとんどの人はどれか1つに就くことさえも難しいでしょう。
　現実的には、いくら才能があっても1つ、よくてせいぜい2つくらいまででしょう。
　なぜなら時間は有限だからです。1日は24時間しかありません。しかも働けるのは、そのうちの8〜10時間程度です。
　この「有限である」ことを経済学では「**希少性（Scarcity）**」といいます。希少性はすべての社会が直面する根本的な経済問題です。
　希少性とは、人間が欲しがる商品（財・サービス）が、実際に利用できるすべての資源を用いて生産できる商品（財・サービス）の数量を上回っているときに生じます。
　つまり、人間の欲求は無限である（もっとお金やモノが欲しい）のに対して、資源は有限である（お金やモノには限りがある）ということです。
　時間にも希少性があります。たとえば、たくさんお金を稼ぎたいから24時間フルで働こうとする人は、自らの希少性に挑戦しているようなものです。
　資産を増やすためには、労働時間をやみくもに延ばすのではなく、むしろ（希少性のある）限られた時間の中で、より効率的にお金を稼げる仕事に就くことが大事なのです。

☞**資産**とは、自由に使えるお金・モノ（商品、不動産など）。バランスシートの定位置は左欄。

上手なアルバイトの選び方

　効率的な選択とはどういうことでしょうか。
　わかりやすくいえば、「かしこい決定」をするということです。
　ここで、アルバイトの例で話をしてみましょう。実は皆さんはアルバイトを選ぶとき、気が付かないうちにかしこい決定（効率的な選択）をしようとしています。
　たとえば、あなたが自分の希望（時給や興味など）に合うアルバイトを探してみたら、次の3つの候補が見つかりました。

・コンビニエンスストアの販売スタッフ（時給1000円）
・ファミリーレストランのホール係（時給1200円）
・古着屋店員（時給800円）

　それぞれの募集先に、仕事内容や条件などについて詳しく話を聞いてみました。
　ファミリーレストランの勤務時間は、夕方から夜遅くにかけて。お客さんをテーブルに案内して、注文を聞いて、料理を出すのが主な仕事です。
　時給が高い理由は、国道沿いにあるため、夕方から夜にかけては順番待ちができるほどの人気店で、従業員は大忙しだからです。
　コンビニエンスストアの勤務は夕方が中心ですが、働く時間帯はある程度融通がきくそうです。レジ打ちや商品の補充作業が中心です。ファミリーレストランほどは忙しくはなさそうです。
　古着屋はレジ打ちが中心です。接客が楽だし、おしゃれな仕事で

すが、ほかの2つと比べて時給が安いのが難点です。

あなたなら、自分の貴重な時間を使ってどのアルバイトをしますか。

この限られた条件下で選択せざるを得ない状況を経済学では「トレードオフ（trade-off）にある」といいます。

この場合は、コンビニエンスストアの販売スタッフ、ファミリーレストランのホール係、古着屋店員の間にトレードオフの関係があるといえるのです。

トレードオフにある状況では、いくつかある選択肢のそれぞれの長所と短所を考慮し、比較検討した上で選択することが求められます。

希少性　放課後の数時間にはやりたいことの1つしかできない

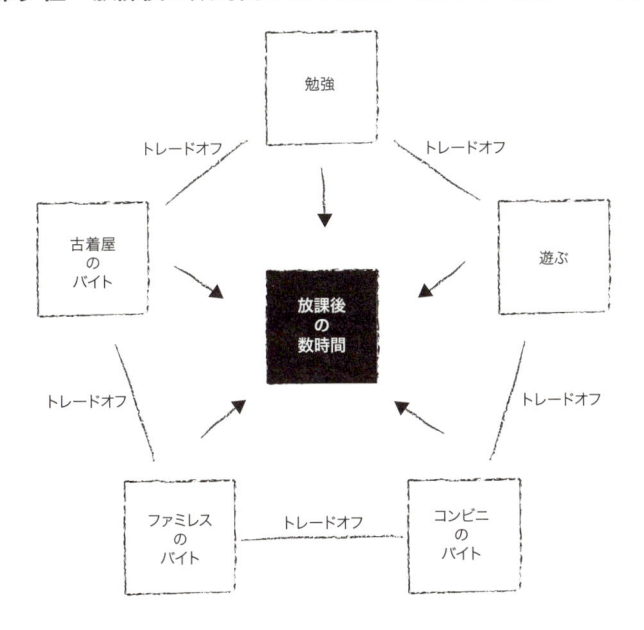

```
                          勉強
          トレードオフ           トレードオフ
    古着屋                                  遊ぶ
    のバイト         放課後
                    の
                  数時間
          トレードオフ           トレードオフ
    ファミレス    トレードオフ    コンビニ
    のバイト                     のバイト
```

仕事のかしこい選び方　43

時給や働ける時間を判断材料にして、優先順位を付けることになります。

　時給で優先すれば、1200円のファミリーレストランでしょう。もし、昼の間に働きたいということなら、コンビニエンスストアか古着屋でしょう。

　また、自分の興味のある業種かどうかも判断材料の1つです。たとえば、将来自分が飲食業界に進みたいのならファミリーレストランでしょうし、アパレル（衣料）業界に進みたいなら古着屋ですね。

　さらに、お店の店長さんや一緒に働く人たちとの相性や、家や学校との距離も考えに入れなければなりません。

　いずれにせよ、自分の使える時間と希望の条件に合うように選ぶ必要があります。

ベストな選択はどれだ？

　経済学的に「かしこい決定」をするには、**「費用・便益アプローチ（比較考量の式）」** を使います。

　　最優先すべきもの（純便益）＝便益－費用

　費用は、純便益を得るためにあなたが使うもの、つまり時間やお金、労力などが入ります。

　便益とは、その物事（この場合はアルバイト）から得られるもので、金銭的な報酬、知識や技術の習得などが入ります。

　この**最優先すべきもの（純便益）**が最大になる選択肢を、ベストの決定として選ぶべきなのです。かしこい決定をすれば、より多くの便益を手に入れられるというわけです。

さっそく3つのアルバイトを当てはめてみましょう。

コンビニエンスストアの販売スタッフの純便益
**　　　　　＝「報酬や商品知識など」－「労働時間と労力」**

ファミリーレストランのホール係の純便益
**　　　　　＝「報酬や飲食業界の知識など」－「労働時間と労力」**

古着屋店員の純便益
**　　　　　＝「報酬や服に関する知識など」－「労働時間と労力」**

仕事のかしこい選び方

……どれだけの純便益が残るでしょう。人によってそれぞれ固有の価値観（好き嫌いや、やりがいなど）があるため、純便益は異なります。

　そのため、一概にどれがベストかという正解はありません。

　ここでは、ファミリーレストランと古着屋で迷った末に、ファミリーレストランを選んだとします。

　このとき、選択の結果、あるものを選んだためにあきらめた（犠牲にした）別の次善のものがまぶしく見える人もいるでしょう。

あるものを手に入れるためにあきらめた（犠牲にした）別の次善

選択したものは機会費用よりも魅力的だ！

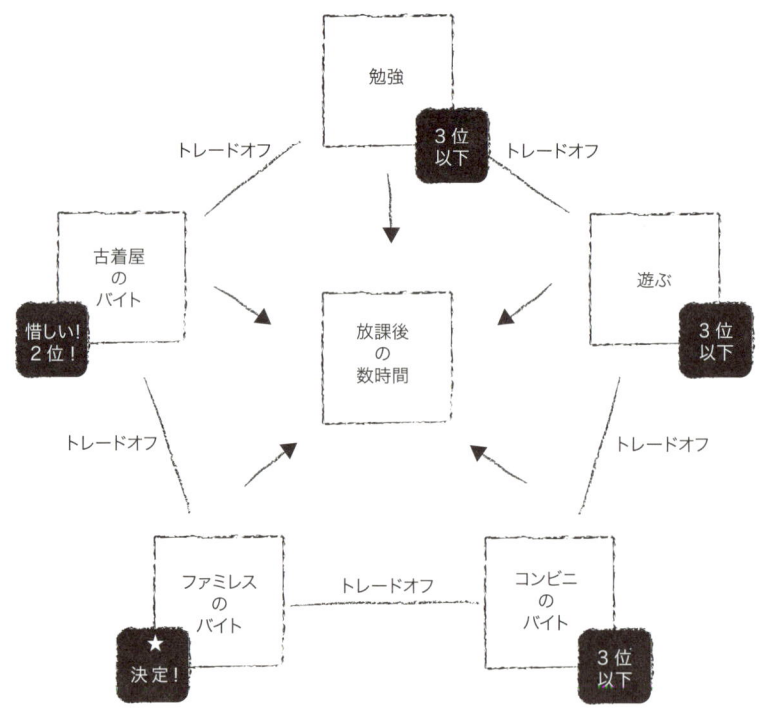

- 勉強：3位以下
- 古着屋のバイト：惜しい！2位！
- 遊ぶ：3位以下
- ファミレスのバイト：★決定！
- コンビニのバイト：3位以下
- 中心：放課後の数時間
- 各選択肢は「トレードオフ」の関係

のもの——、これを経済学では「機会費用」(Opportunity cost)といいます。費用といっても、お金とは限りません。お金、時間、労力、心理報酬などを総称したものです。

ファミリーレストランのホール係を選んだ場合は、古着屋店員が機会費用になります。**機会費用とは、より魅力的なものを選んだために生じた"費用"ということです。**

さて、アルバイトは決まりましたが、今度は高校卒業後の進路を決める必要が出てくるでしょう。

もちろん進路選びの方が大変です。進学以外にも、サラリーマン、公務員、自営業など、さまざまな選択肢があります。

こういったときにも、CMで有名な会社だからとか、ベンチャー企業でカッコよさそうだからといった、目先の利益に惑わされるのではなく、自分なりに費用・便益アプローチの計算をして、かしこい選択をする必要があります。

かしこい選択　費用・便益アプローチの式

最優先すべきもの・純便益＝便益－費用

便益とは、報酬や知識・技術の習得など。
費用とは、得るために使うもの。時間、お金、労力など。
純便益が最大になる選択肢が、ベストの決定として選択されるべき。

働く理由

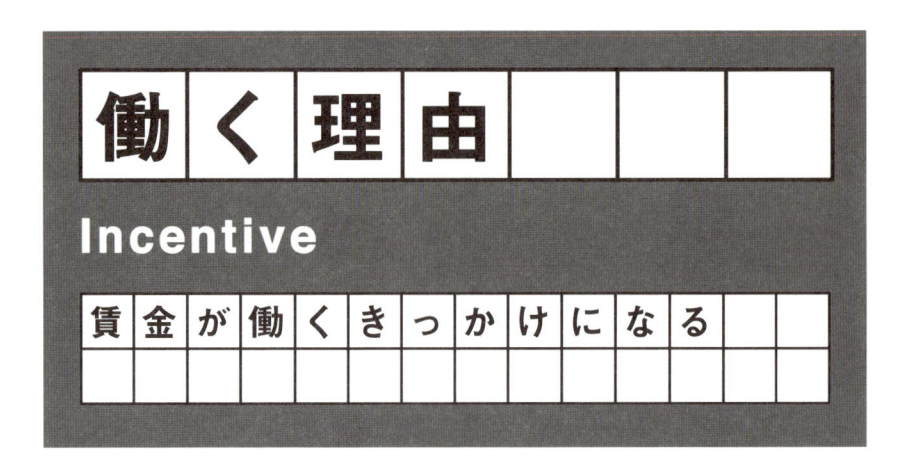

Incentive

賃金が働くきっかけになる

賃金は何によって決まるのか？

　私たちが仕事を選ぶ大きな判断材料となるものの1つ、時給や月給といった賃金について考えてみましょう。

　そもそも賃金は、店長や社長などの経営者が計算して決めた金額にすぎません。

　経営者（店長や社長）は、会社の経営にまつわるさまざまな計算をして、相当と思われる金額を社員やアルバイトの賃金としているのです。

「会社の経営にまつわるさまざまな計算」とは、すべての売り上げから、会社の経営にかかる費用や、仕入れ代金などの経費、税金、会社の利益、そして自分の経済的な利益（報酬）を引くといったことです。

　そもそも経営者は、会社の利益と同時に自分の経済的な利益（報酬）というインセンティブのために経営者をしているのです。

　このため、経営する企業のお金を計算するときには、まず第一に会社の利益と自分の報酬を考えます。

経営者として費用・便益アプローチを計算し、経営者として純便益を出しているのです。

☞**費用・便益アプローチとは、次の式でかしこい選択をすること**
最優先すべきもの（純便益）＝得られる利益（便益）－費やされる時間・お金（費用）

　私たちが働こうという意欲にも、インセンティブは大きくかかわっています。この場合でいえば、インセンティブは賃金です。
　たとえば、**時給500円の仕事**だったら、そこそこ働くくらいでしょうが、**同じ仕事で時給2500円**だったら、ガゼンやる気が出るはずです（**プラスのインセンティブ**）。
　一方で、働けば働くほど交通費などがかかって赤字になるなんていう仕事だったら、やる気はなくなります（**マイナスのインセンティブ**）。

☞**インセンティブ（経済的誘因）とは、人々が特定の活動へのかかわりを増やすきっかけ（動機）となる報酬、あるいはかかわりを減らすきっかけとなる負の報酬（損失やペナルティ）のこと。経済学では、市場を動かす大きな要因の1つです。**

　経営者はそれぞれの仕事の内容を考えて、働く側のやる気が出るような賃金の額を設定します。
　みんなが「やりたい！」と思うような——職場が華やかだったり、そこに勤めていることが自慢になる——仕事なら、さほど高い賃金を支払わなくても「やりたい！」と応募者が集まってくるので、金額を低めに抑えることができるのです。

働く理由

その一方で、みんながやりたがらない――肉体的にきつかったり、危険が多い現場で働く――仕事では、賃金を高く設定して、プラスのインセンティブを高めるのです。

最近は、24時間営業のスーパーが目立ちますが、募集の条件などを見ると、深夜の時間帯に勤務する方が時給が高いのです。

これは、**わざわざ夜中に働こうという人は少ないため、ある程度高い金額を支払うことで、夜でも「働いてもいいかも」というきっかけ（インセンティブ）を与えているのです。**

価格は売り手と買い手の数で決まる

ただし、こうしたインセンティブが与えられるのは、景気が好調なときの話です。世の中の景気の動向によって、賃金は変わります。**不景気のときは、働き手が余っていますから、さほど賃金を上げなくても、「やりたい！」という応募者がいくらでも集まるのです。**

不景気のときは、会社をリストラされた人、または借金の返済のために昼は会社で働きつつ、夜も何か別の仕事をしなくてはならない……という人が多くなります。

すると、「（普通のアルバイトよりは時給が高い）スーパーの夜番をやらせてください！」という人が増えてくるというわけです。

それに対して景気が良くなれば、世の中の多くの会社は労働者をたくさん雇いますし、同業者もどんどん出店します。同じエリア内に24時間スーパーがいくつもできたりします。

そうなると夜番の仕事はたくさんありますが、今度は深夜に働こうという人の数が足りなくなります。

つまり、景気がいいから昼間に働ける仕事もたくさんありますし、夜番をしようという人にしても、一番時給の高いところ、労働条件

働くきっかけ ＝ インセンティブ

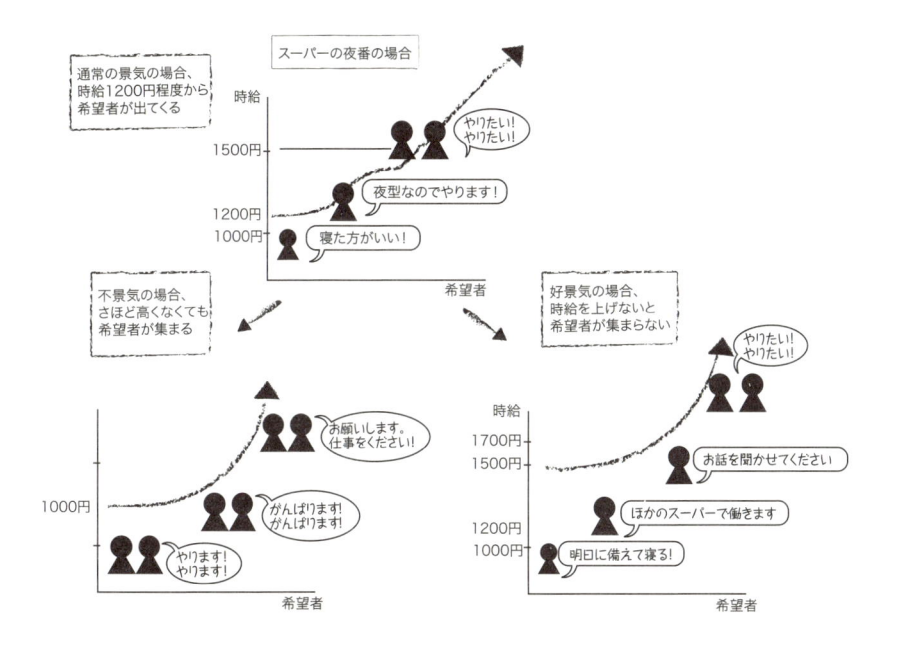

スーパーの夜番の場合

通常の景気の場合、時給1200円程度から希望者が出てくる

時給
1500円 「やりたい！やりたい！」
1200円 「夜型なのでやります！」
1000円 「寝た方がいい！」
　　　　　　　　　希望者

不景気の場合、さほど高くなくても希望者が集まる

1000円 「お願いします。仕事をください！」「がんばります！がんばります！」「やります！やります！」
　　　　　　　　　希望者

好景気の場合、時給を上げないと希望者が集まらない

時給
1700円 「やりたい！やりたい！」
1500円 「お話を聞かせてください」
1200円 「ほかのスーパーで働きます」
1000円 「明日に備えて寝る！」
　　　　　　　　　希望者

が良いところで働こうとするのです。

　このように、**働き手の人数によって、または仕事の数によって、賃金は上下していくのです。**

☞**これを経済学の言葉で解説すれば、「市場経済の下では、労働サービスの価格である賃金や給料は、買い手と売り手の相互作用によって決まる」**となります。お互いが納得いく価格で仕事が決まります。

　この賃金の決まり方って、モノの価格の決まり方と同じですよね。
　皆さんの中には、インターネット上のオークションで、何かを売買したことがあるという方もいるのではないでしょうか。このネッ

トオークションのように、**モノの価格は何人もの買い手が値段を競い合うことで決まります。**

　同じシステムの魚市場のセリで見てみましょう。

　たとえば、今やめったに手に入らなくなった上マグロ。

　マグロのおいしさを知っていたのは、かつては日本人だけでした。しかし、今や世界中の人々がマグロのおいしさを知っています。原油高の恩恵を受けて裕福になったロシア、アメリカとの貿易で裕福になった中国など、「マグロを食べたい！」という人がどんどん増えてきて、価格は上昇しています。高いセリです。

　マグロを売る業者（問屋）もできるだけ儲けを上げたい（プラスのインセンティブ）、最高値でセリ落とした人に売りたいのです。こうした**「欲しい」側（買い手）の競い合いで、マグロの価格は上昇します。**

→買い手間の競い合いにより、モノの価格は上がる⬆

マグロの価格はこう決まる！　限定マグロの場合

それに対して、マグロが大漁だったときのことを考えてみましょう。

マグロがたくさんあるので、そんなに熱心にセリ合う必要はありません。

マグロ業者が高い価格でセリをスタートしても、買い手は参加しません。もっと安い価格で買えそうなセリの方に参加するでしょう。今度は「売りたい」側が競い合って、マグロの価格が下がるのです。

→売り手間の競い合いにより、モノの価格は下がる⬇

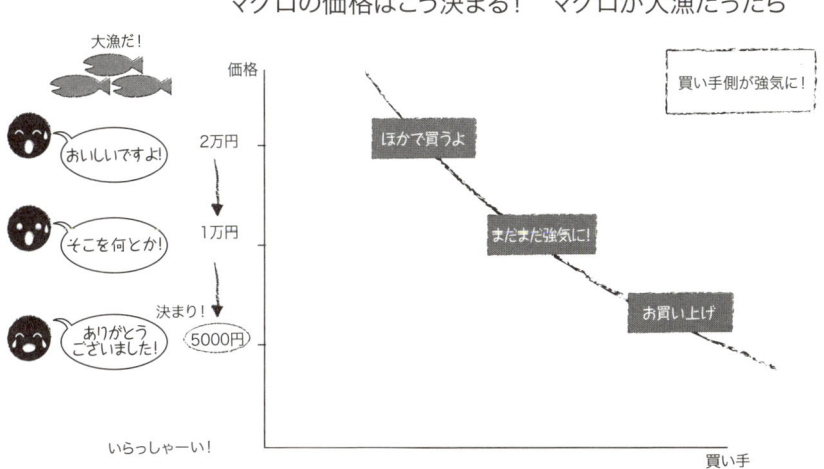

マグロの価格はこう決まる！　マグロが大漁だったら

（図：価格が2万円→1万円→5000円と下がっていく様子。「大漁だ！」「おいしいですよ！」「そこを何とか！」「ありがとうございました！」「いらっしゃーい！」「ほかで買うよ」「まだまだ強気に！」「お買い上げ」「買い手側が強気に！」）

これは労働についても当てはまります。**世の中全体で労働者が足りなければ、労働力の価格は上がります。つまり、賃金は全体的に高くなります。**

→買い手（企業）間の競い合いにより、労働力の価格は上がる⬆

働く理由

反対に、世の中全体で労働力が余っていれば、労働力の価値は下がります。つまり、賃金は全体的に安くなります。

→売り手（労働者）間の競い合いにより、労働力の価格は下がる⬇

　労働力の需要と供給によって賃金が高くなったり、低くなることを理解するには、労働力の価格をモノの価格と同じように考えればいいということを、ご理解いただけたかと思います。

労働力が足りなければ、労働力の価格は上がる。
つまり、賃金や給料は高くなる。
→買い手（企業）間の競い合いにより、価格は上がる⬆

労働力が余っていれば、労働力の価格は下がる。
つまり、賃金や給料は安くなる。
→売り手（労働者）間の競い合いにより、価格は下がる⬇

賃金はどう決まる？

Pay

賃金はあなたのスキルの価格です

仕事とは「労働力を企業に売る」こと

賃金は上がれば上がるほどうれしいものです。

「買い手（企業）間の競い合いにより、価格は上がる⬆」場合をもう少し見ていきましょう。

賃金とは、経済学の言葉でカタめにいえば、**自分が企業に提供（取引に出すこと）できる生産資源（労働）の市場価格によって決定されます。労働者は、自分の労働力を企業と取引することで、お金を得るわけです。**

一般的に労働者の賃金は、労働の市場価格で月並みに評価されます。

中には、労働者の価値をとても高く評価する業界があります。

たとえば、プロスポーツの世界です。

仮に才能あふれる1人の高校球児がいたとします。彼は、投げてよし、打ってよし、甲子園でも大活躍しています。もちろん人気も

あり、多くの野球ファンの注目を集めています。

　そんな選手に対しては、いくつもの球団が億単位の契約金を用意して、獲得合戦を繰り広げるでしょう。

　なぜ、球団は億単位のお金を用意するかといえば、彼が入団してくれたあとのメリットを考えるからです。

　チームの戦力を強化できる上、彼の人気のおかげで観客が増えて、グッズの売り上げも見込めます。さらに、テレビ局からも試合を中継するための放映権として多額のお金をもらえるでしょう。

　すると、彼に億単位の契約金や年俸を払ったとしても、球団には莫大な利益がもたらされます。おまけに、彼の活躍によってチームがリーグ優勝したり、日本シリーズで勝利すれば、さらに利益はアップします。企業側は、**企業の目的である「利潤の最大化」のための費用・便益アプローチをしている**のです。

☞ **費用・便益アプローチとは、次の式でかしこい選択をすること**
最優先すべきもの（純便益）＝得られる利益（便益）－費やされる

時間・お金（費用）

　たとえば、甲子園で活躍して楽天イーグルスに入団した田中将大投手。高校生にもかかわらず、契約金1億円プラス出来高払い5000万円、年俸1500万円（推定）という条件が提示されました。

　彼の市場価値をここまで評価したプロ野球という業界がなければ、彼は大学に進学して、今も野球の上手な単なる大学生にすぎなくて、「今月こそアルバイトの時給が上がらないかな」なんてひそかに期待するような生活を送っていたかもしれません。

　田中投手とともに甲子園を賑わせた早大の斎藤祐樹投手も、卒業する頃には各球団の間で激しいセリ合いになるでしょう。

　こうした選手の獲得競争には、ときにはメジャーリーグも参入してきます。たとえば、田中選手と同じように甲子園で活躍し、西武ライオンズに入団、活躍していた松坂大輔投手は6年総額約60億円という条件でメジャーリーグのレッドソックスに入団しました。

　その後、福留孝介選手がカブスと4年で60億円という契約を交わして入団しました。今後もこの流れは続くことでしょう。

　このように、日本で成功をおさめた選手がさらにメジャーリーグに移籍し、多額の契約金、年俸を得ています。

　野球の本場アメリカは、日本よりも野球の人気がずっと高いですし、メジャーリーグ各球団の選手獲得資金も豊富です。世界中から実力のある選手を集めることで、世界中でグッズを売って、世界中のテレビ局に中継の放映権を売ることができます。

　人気選手に毎年10億円レベルの報酬を払ったとしても、球団は莫大な利益を得ることができるようになっています（松坂選手や福留選手がいるおかげで、もちろん日本のファンからも少なからぬ売り上げがあるのでしょうね）。

賃金はどう決まる？

ある調査によると、メジャーリーグの総収入は約6500億円。一方、日本のプロ野球の収入合計が約1200億円といわれていますから、5倍強の差があるのです。

スキルがあれば、自分を高く売れる！

　若者に価値を見出し、報酬を提示する業界はプロスポーツだけではありません。その業界が必要としているスキル（技能）をもっている若者に対しては、「わが社に入社してください」という申し出が複数の会社からあるでしょう。

　買い手（企業）側の競争がはじまります。こうなると、選ぶのは会社ではなく、若者の方ですから、契約内容や報酬などを各社と交渉して、最も条件のいい会社を選べます。

　たとえば、英語が話せるのならば外資系企業、簿記の資格をもっていれば会計事務所……といった具合です。

　こうした**スキルをもつ人は強い。そのスキルがわが社に必要だと**

いう企業が多いので、賃金の引き上げ競争が始まるのです。

　スキルに自信がある人なら、「**私の代わりはほかにいません**」といって強気な交渉をすることができます。

　輝かしい才能ばかりでなく、特別なスキルを磨くこともセールスポイントになるのです。

　次に、「**売り手側の競い合いで価格は下がる⬇**」場合を見てみましょう。

　これは先ほどの特別なスキルをもつケースとは違い、ほとんどの人間ができてしまう仕事の場合です。

　たとえば、工場の清掃作業などです。

　あまりスキルが必要とされないため、たいていの人ができるでしょうし、また仕事内容がそれほどきつくなければ、働きたい（労働の売り手）という人の数も多いと思われます。

　こういった場合、今度は賃金が低下して、会社側の言い値に従わざるを得なくなります。

　つまり、**売りになるスキルをもたない人**は、「給料が安い」と不満に思っても、会社から「いやならほかの人に頼むからいいよ」といわれたら、「いやいや、そこを何とか」と下手に出るしかないでしょう。

　このスキルは社会的に必要とされているものでもあるのです。

　確かに、"スキルがなくてもできる"単純労働をする人々の存在も世の中にとって必要ですが、今の自由主義経済の世界にとって専門知識やスキルを社会に提供したり、新しいアイデアを生み出す労働者は成長の原動力の1つとしてより必要とされているのです。

買い手側の競い合いで価格が上がる場合

……企業にとって魅力的で、特別なスキルをもつ人がいれば、企業間で競争して賃金をせり上げる。

売り手側の競い合いで価格が下がる場合

……ほとんどの人ができる単純労働では、「働きたい」人たちの間で賃金の引き下げ競争が始まる。「ほかの人よりも安い賃金で働くから、雇ってほしい」となる。

人を雇うコスト
Labor cost

派遣社員と正社員の違い

企業は、より安い労働力を求める

　実は**企業にとって、労働者の賃金を払い続けるのは大変な負担です**。日本などの先進国では、より高い賃金を支払わないと労働者は集まってきません。

　ところが、ふと世界を見わたすと、自社でやっているのと同じ仕事を自国の労働者よりもずっと安い賃金で引き受けてくれる労働者がいる国々があります。

　では、いっそのこと、そうした国々の労働者たちに仕事を頼んでしまおう……こうした発想からはじまったのが「**グローバリゼーション**」です。

　企業にとっては負担が減りますし、仕事を請け負う国々は新たな雇用が生まれます。そのため、お互いが利益を得られる理想の形に見えます。**ところが、実際には損をする人々もたくさんいます。**

　つまり、ほかの国の労働者に仕事を奪われてしまう人々です。

　同じようなことが先進国では、移民問題——自国の労働者が、安い賃金で働く移民に仕事を奪われる——として現れて、議論されて

います。

　さて、最近日本では、派遣社員という雇用形態がかなり増えてきました。

　企業が「労働力にかかるコスト（費用）＝賃金」を減らす必要が生じたためです。日本全体が不景気ということもありますし、**グローバリゼーションの影響で、日本企業も世界中の企業を相手に価格競争をしなければなりません。**

　そこで、企業にとって最も大きな負担である労働者の賃金を節約したかったのです。つまり、節約した分、製品の価格を下げるなどして、海外企業と競争しようというわけです。

　たとえば、「**アウトソーシング（外注）**」という形で、賃金の安い外国の労働力に頼ったり、会社にとって人件費負担が少なくてすむフリーターや派遣社員の労働力に頼ることが増えてきました。

　現在、フリーターや派遣社員の人口が20代を中心に急激に増えています。特に20代の方だと、「まだまだ人生は長いから、とりあえず働けるのなら、フリーターでも派遣社員でもいい」と思いがちです。

　しかし、フリーター、派遣社員、契約社員という非正規雇用と正社員との間には大きな差があります。

　一般に、**フリーター、派遣社員、契約社員には、正社員に保障されている昇進、昇給、賞与（ボーナス）、社会保険がありません。**

　彼らはいくら一生懸命に働いても、あるいはいくら優秀であっても、社長にはなれません。（バイトの）チーフや、（派遣の）チームリーダーどまりです。賞与（ボーナス）ももらえませんし、正社員ならば企業と折半すべき社会保険料（健康保険、雇用保険、年金保険など）も自分で全額負担しなければなりません。

　ただ、ボーナスが出ない代わりに、正社員より月給が高いという

ケースもあります。しかし、トータルの年収で見れば、やはり正社員よりも低くなります。また、雇用契約も1年、半年といった短期間で、会社がその人を不要と判断すれば、契約は打ち切られます。

　それに対して、正社員はよほどのことがない限り、解雇はありません。なぜなら労働基準法で雇用が保障されているからです。

　両者の共通点としては、所得税を納税する義務があるということくらいでしょうか。

　正社員の場合、社会保険料（健康保険、雇用保険、年金保険）も企業が一部を負担しなくてはならないため、企業にとっては大きな負担になるのです。企業の利益を考えれば、できるだけ負担は少ない方が有利ですよね。

　しかも、景気の動向に合わせて、簡単に雇用したり、解雇できるのもリーズナブルです。そのため、契約社員、派遣社員をたくさん

正社員 v.s. 非正規雇用

	正社員	非正規雇用（正社員でない）
生涯あんしんのサポート！／企業とのあいだのスキマに注意！	企業は人にやさしい！	企業は人につめたい！
企業とのカンケイは？	企業が半分出します。	全額自腹
社会保険（健康・年金）は？	企業が半分出します。	なし／全額自腹
クビになる／ならない？	65歳の定年まで面倒みます。	クビになる／突然のサヨナラ
昇進は？	あわよくば社長まで	なし／ずっと変わらないカンケイ

吹き出し：
- 「安く借りた社宅の分でさらに貯金だ！」
- 「いつカゼをひいても安心じゃ」
- 「不安定収入で部屋も借りられない……」（ダンボール）
- 「皆勤なのになぜだ！」

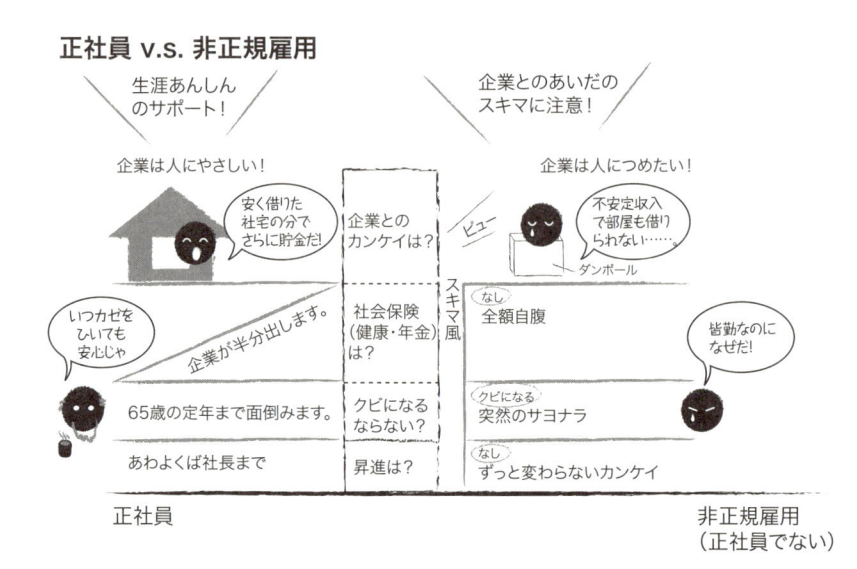

雇う企業が増えてきたのです。

こうした世の中の動き、企業の狙いを知らずに、「あまり責任を負う必要がないから」「勤務時間がわりと融通が利くから」、あるいは「就職しやすかったから」といった理由で、安易に派遣社員や契約社員になってしまうと、のちのち正社員になることがかえって難しくなります。

また、いくら正社員でないとはいえ、働く以上は時間的な拘束もありますから、今よりも好条件の職業への転職を目指してスキルを磨こうとしても、学習する時間がとれない→次も非正規雇用になる……、いわばマイナスのスパイラルに陥ってしまうおそれがあります。

ワーキングプアの問題点もまさにここにあります。

彼らが働こうと思っても、安い時給の仕事しかありません。少しでもスキルアップをして良い条件の仕事に就きたいと考えても、安い時給でそれなりの生活費を稼がなければならないため、仕事をた

くさん詰め込むしかない。

　すると、必然的に仕事に拘束される時間が長くなるため、家に帰ったときにはへとへとに疲れきっており、**スキルアップのために勉強する時間がとれないのです。**

高校を卒業することの「価値」

　このスキルという観点から見たときに、最も不利になるのが高校を中退した場合です。

　一般に高校中退者は企業からスキルが低いとみなされるため、十分な賃金を得られる仕事に出合う可能性が低くなるのです。

　安い賃金のため、1日の中でめいっぱい働くようになり、スキルアップするための時間がとれなくなってしまうのです。なかなか低所得の生活から抜け出せなくなるのです。

　それにもかかわらず、アメリカでは高校を中退する若者が増加しています。そこで、高校のパーソナルファイナンスの授業では、高校卒業の価値を目に見える数字にして、中退を思いとどまらせようとしています。

　それがこの数字です。

「高校卒業」の価値＝550万ドル（約6億4000万円）

　卒業生と中退者の間の格差は550万ドル（約6億4000万円）だというのです。

　どのように計算をしたのかといえば、年間所得の格差は18歳の時点で8000ドル（約94万円）。その後、毎年1.5％ずつ所得の差額が増え、それが毎年8％の複利で投資されるという仮定のシミュ

レーションです。

　もちろん、ここまでの違いはくっきりと現実には表れないでしょうが、高校の卒業証書がいかに価値があるかをドラスティックに示しているわけです。

　皆さんも、この数字を見せられたら、せめて高校だけでも卒業しようと思いますよね。さらに、卒業する前には次のデータを見せられます。

「大卒の人の所得は、高卒の人の所得よりも約65％高い」
　——このデータを見たら、たいていの人が大学に進学したくなるでしょう。

　次の統計資料は、その時点での平均年収を一覧にしたものです。

```
16歳で高校を中退した人    1万8876ドル
高校を卒業した人          2万6208ドル
大学卒業生（学士）        4万2796ドル
大学院卒業生（修士）      5万4600ドル
（アメリカ労働省　2000年雇用統計）
```

　ここで日本の統計資料も見てみましょう。これは初任給の統計ですが、日本でも高卒と大学院卒では最初から1.5倍の差があります。この差は広がりこそすれ、縮まることはありません。

高校卒	初任給15万7600円
大学卒	初任給19万9800円
大学院卒	初任給22万4600円
(厚生労働省　賃金構造基本統計調査　平成18年)	

　社会から見れば、より学歴の高い方が労働の質が高いと見られる傾向にあります。
　しかし、何らかの事情で高校を中退したからといって、めげることはありません。
　たとえば、中学を卒業してそのまま大工やコックの見習いといっ

た専門職の世界に飛び込めば、世の中で必要とされるスキルが身に付くため、若いうちから高収入を得ることが可能です。これは職人の世界、すなわちスキルで勝負する世界です。

　いずれにせよ、働く側は、自分の労働（人的資本）の質を高めることを考えればいいのです。

正社員と非正規雇用の違い

正社員……昇進、昇給、賞与、社会保険がどれもある。
非正規雇用（フリーター、派遣社員、契約社員）
　……昇進、昇給、賞与、社会保険がどれもない。

人的資本
Human capital
スキルを輝かせる！

スキルがあなたの賃金を決める！

いったいスキルとは何でしょうか。ここでは、アメリカの高校のパーソナルファイナンスの授業で学生に参加させる、あるゲーム（「**アクティビティ**」といいます）を紹介しましょう。

まず、学生を2つのグループに分けます。各グループにやや難しい計算問題を解かせます。

その際、一方のグループには、問題を簡単に解くためのテクニックをあらかじめ教えておきます。

もう一方には何の予備知識もなく計算問題を解かせます。「それぞれ制限時間内にどれくらいの問題を解けるでしょうか」というゲームです。

学生はこのゲームから、社会に必要とされる人的資本（Human capital）とは何かを学ぶことができます。

テクニックを知っているグループは、やすやすと問題を解いていきます。テクニックを知らないグループにどんどんと差を付けていきます。

このテクニックがスキルなのです。**スキルを身に付けて生産性を高められるようになった人間の能力、これを「人的資本」といいます**。日本では、人的資本という言葉は経済学でしか使わないので、人材といった方がわかりやすいかもしれませんね。
　一般的に、企業はこのようなスキルをもつ人々＝人的資本を必要としています。ただ、この人的資本にはさまざまな種類があり、企業によって必要とする人的資本は異なります。

自分の人的資本をチェックしてみよう

　アメリカのパーソナルファイナンスの教科書では、「**人的資本（人的資源）は3つの要素からなっている。それは、身体的能力（体力）、知的能力（知力）、創造的能力（創造力）である**」といった具合に紹介しています。
　次ページでアメリカの高校生向けのチェックリストを紹介していますが、これは自分にはどんな人的資本があるかをチェックするためのものです。
　そして、チェックリストの中から1つのスキルを選び、そのスキルを充実させるためには、どのようなことをすべきかを考えるのです。
　この「どのようなことをすべきか」が自らの人的資本に対する投資となります。
　この投資は「教育、訓練」です。それぞれの人的資本に合わせた教育、訓練が必要です。
　もちろん、学校教育だけではありません。さまざまなスキルに合わせた技能習得の機会があるでしょう。
　遊ぶ時間を犠牲にして、教育、訓練を受けることで、将来により大きなリターンを得ようとする——、この考え方が人事であること

を学生に教えるのです。

人的資本は次の3つの要素からなっている

・身体的能力（体力）
・知的能力（知力）
・創造的能力（創造力）

☑人的資本（Human Capital）チェックリスト
　□グループ行動が好きだ
　□人々と連携して働くのが好きだ
　□一生懸命に働くタイプだ
　□人の指示に従うことができる
　□パズルや難問を解くのが好きだ
　□コンピュータを使うのが好きだ
　□楽天的な性格だ
　□子どもたちとふれあうことが好きだ
　□人前で話すことが好きだ
　□人の話を聞くのが得意だ
　□本を読むのが好きだ
　□文章を書くのが得意だ
　□絵を描くことが得意だ
　□楽器を弾くことができる
　□歌うことが得意だ
　□←これ以外に好きなこと、得意なことを書き出してみる

可処分所得
Disposable income
収入＝自由に使えるお金ではない

もらったお金をまるまる使ってはいけない！

　フリーター、派遣社員、契約社員、正社員、どんな雇用形態で働いていても、収入はあります。しかし、**収入のすべてを自由に使えるわけではありません。**

　給料をもらった経験のある人ならばご存じでしょう。労働の対価として得た収入は、まるごと私たちの懐に入るわけではないのです。

　たとえば、額面で20万円をもらったとしても、雇用保険や年金保険などの社会保険料や、所得税の源泉徴収分など、あらかじめ数万円ほどが差し引かれた金額が口座に振り込まれます。

　所得税という税金は賃金が支払われると同時に、国や都道府県に納めた形になります。所得税や社会保険料など総収入から差し引かれる額を除いたものを「可処分所得（Disposable income）」といいます。

　これが、自分の望み通りに買い物をしたり、貯蓄に回せるお金です。

　これを式で表すと、次のようになります。

総収入＝所得税・社会保険料など＋可処分所得

家計のお金を考える場合には、可処分所得に注目します。
　ここで気をつけなければいけないのは、可処分所得を使うときに、「可処分所得＝消費」は正解ではないということです。
　正しくは、

可処分所得＝消費＋貯蓄

という式が成り立つべきなのです。
　これを貯蓄を中心とした式にしてみると、

貯蓄＝可処分所得－消費

となります。
　つまり、**使えるお金はすべて使う（消費する）のではなく、将来のための貯蓄に回すことが必要だ**ということなのです。
　「何だか貯金ができないんだよね」などといっている人は、このことを勘違いしている人が多いのです。
　つまり、可処分所得はすべて自由に使えると考えてしまうのです。貯蓄を中心とした式を見てみるとわかりますが、可処分所得をすべて使ってしまったら、貯蓄に回すお金はなくなります。
　あるいは「余った分を貯蓄しよう」などと考えるかもしれませんが、たいていの場合、気が付けば全部使ってしまって、貯蓄に回すお金はゼロになっているのです。

まずは自分に投資せよ

　本気で貯蓄をしたいと思ったら、とある秘訣があります。その秘訣とは、あらかじめ可処分所得から毎月決まった額のお金をとっておく。つまり、給料が入ったら最初に貯蓄してしまうのです。
　たとえば、金融機関にある自動積立定期預金を利用しましょう。賃金が振り込まれるのと同時に、毎月同額のお金を積立定期の口座に回してしまう仕組みです。
　ひと月に2万円を積立定期に回せば、1年で24万円です。10年で元金だけで240万円になります。
　しかも貯蓄をすればするほど、利息（複利）が付くのですから、額は大きく変わってきます。
　たとえば、**20歳のときから毎年22万円を年8％の複利で貯蓄すると、65歳のときには約7700万円を超えている**ということは、本書の冒頭で紹介しました（16ページ参照）。
　貯蓄は長期的に見れば利息を生むため、家計にとっては重要な役割を果たします。
　アメリカでは
「貯蓄は今日の消費を犠牲にするほどの価値がある」
といわれます。将来のよりよい生活のために、現在の忍耐と犠牲が必要だということですね。
　現在の忍耐と犠牲とは、稼いだ所得から、まず最初に自分のために毎月同額のお金をとっておくこと（＝貯蓄）です。このお金を複利で運用すると、数十年後には何万ドルにも増えているというわけです。
　これが、アメリカのパーソナルファイナンスで強調されている「**Paying yourself first**」という発想です。

これをそのまま訳せば「一番はじめに自分に払うこと」、意訳をすれば「**はじめに貯蓄しよう**」「**まずは自分に投資せよ**」といった感じでしょうか。
　こうしてお金（資産）を増やした結果、自由に使えるお金も増えて、株式や不動産への投資に回せるということになります。
　この毎月の積立てが、複利マジックを味方に付けて億万長者になるための原資になるのです。この考え方で蓄えていけば老後の資金も安心です。

貯蓄＝可処分所得－消費

「Paying yourself first」（まずは自分に投資せよ）

第2章

「お金を貯める」かしこい方法

資産運用の巻

```
金融機関
```
Financial institution
```
間違いだらけの金融機関選び
```

金融機関の仕事とは

　前章で、貯蓄がいかに大切かということについて説明しました。貯蓄が大切ということであれば、当然お金の預け先、金融機関のことも知っておかなければなりません。

　そもそも金融機関って何でしょうか？

　ひとくちに金融機関といっても、街には大手都市銀行から、地方銀行、信用金庫、信託銀行、証券会社、保険会社、クレジット会社、消費者金融……とさまざまな金融機関がありますよね。

　もし、私たちがお金を預けるとしたら、どの金融機関に預けたらいいのでしょうか。

　金融機関は種類によって、設立の目的が異なっていて、社会的な役割が異なります。

　最も基本的な仕事は、皆さんの家計からお金を預かり（預金）、そのお金を個人や企業に（預金の利息よりも）高い利率で貸す（融資する）ことです。

　金融機関に預金すると利息が付きますよね。**金融機関は、預金者**

に利息を払うために、融資先には融資金に利息分を上乗せした額を返済してもらいます。

預金者→預金金利を要求→金融機関→預金金利に上乗せ金利を要求→融資先（企業や個人）

　その金利の差額を利益としているのが、民間の銀行（都市銀行、地方銀行、ゆうちょ銀行、信用金庫・組合など）ですね。

☞金利は、借りる人や企業の「信用」に応じて利率が変わります。貸す側は、貸したお金が返ってこないリスクに備えるわけです。「信用の高い（お金を返す可能性99％）」人は低い利率で借りられます。それに対して、「信用の低い（ひょっとしたらお金を返せないかもしれない）」人は高い利率、あるいは借りることができないかもしれません！

　信託銀行は、個人や企業から預かった多額の資産（現金、不動産、企業年金など）を「信託」という方法で運用する会社です。手数料や運用益をその利益としています。

☞信託では、委託者（個人や企業）が自分の資産の所有権（現金、不動産、企業年金など）を信託銀行に移転します。信託銀行は、委託者の信託目的に従って、財産を管理、処分、運用することになります。

　証券会社は、証券取引所に上場された株式や債券の売買を仲介することを主な業務としています。売買の手数料や、投資信託（ファ

ンド）の運用によって生じる報酬（信託報酬）の一部をその利益としています。

　保険会社は、加入者が病気やケガをしたり、事故にあったときに保険金を支払う「生命保険」や、家や物品が地震や火災で被害を受けたときに保険金を支払う「損害保険」を扱います。

　生命保険、損害保険といった形で、万一のときに備えたいという個人や企業からお金を集めて、運用します。このうちの一定程度が保険会社の利益となります。

　ここまでは、皆さんのお金を預かることが中心です。

　その一方で、企業や個人にお金を貸すことも金融機関の重要な業務です。

　たとえば、銀行はローンや融資といった形でお金を貸し出します。

　また、個人や企業にお金を貸し出す代表的な金融機関として**クレジット会社**や**消費者金融会社**があります。預金の受け入れはしないで、融資だけを行うことを業務としています。一般に「**ノンバンク**」といわれます。ノンバンクはお金を預けてくれる預金者がいません。

　ノンバンクは、資産を運用したい個人・企業や別の金融機関からお金を借りて、それを原資にして貸し出しています。

資産を運用したい個人・企業や金融機関→金利の要求→ノンバンク→左の金利に上乗せ金利を要求→融資先（個人・企業）

……といった流れがあるのです。ノンバンクの利益も借り手の払う利息から生じます。

　ここで注意すべきなのは、**金融機関も企業であり、そのため利益を得ることが最大の目的だということです。**このことを説明するのに、「**フリーランチ（Free Lunch）**」の考え方がよく使われます。

Free Lunchとはもともと「There is no such thing as a free lunch.」、アメリカの経済学でよく使われる慣用句です。日本語でいえば「**タダより高いものはない**」という訳が適当でしょうか。

　フリーランチとは、昔の酒場で、客寄せのために無料で出された軽食のことです。酒場で食べるため、ついでに酒を注文することになり、結局レストランでランチを食べたときよりも高くつくということです。無料という部分に目がくらまされたわけですね。

　お客にしてみれば、タダのランチだと思っていたら、実は別のモノにお金を使っていた。あるモノを選択したら、別のモノにコスト（費用）を支払っていたということです。それが経済学でいうところの「**機会費用**」です。

　お店にとっては無料でランチを提供しているだけでは、商売あがったりですよね。そこで、お酒を注文させて、利益が上がるよう

にしっかり計算しているということです。

費用・便益アプローチによる純便益の計算をしているのです。

酒場の考える利益＝ついでに注文する酒代（高い）－フリーランチ

金融機関も、融資をしないで別の用途にお金を使っていれば、もっと利益をあげられたかもしれません。

しかし、そうしないで融資をするからには、犠牲にした別の用途で得られるはずの利益以上のものを、融資先に利息として要求するわけです。

家計と企業のバランスシートはつながっている

さて、本書の冒頭でバランスシートを説明しましたが、家計のバランスシートと企業のバランスシートは密接な関係にあります（24ページ参照）。

たとえば、金融機関に勤めている人に給料が支払われたとします。すると、この人のバランスシートには資産が増えます。

その一方で、金融機関のバランスシートからは、支払った給料分の資産が減ります。企業価値が減ってしまうのです。減った分は、融資先から利息を取ったり、各種手数料で稼ぎ、資産を増やそうと考えます。

つまり、**金融機関は自分たちのバランスシートを大きく増やすために、私たちのバランスシートから資産を減らしたり、負債を増やそうと考えるのです。**

金融機関をはじめとする企業には目的があります。バランスシートを上手に維持・大きくしていくことと、**「利潤を最大にすること」**

です。

　この企業の目的「利潤を最大にする」と、私たち（家計）の人生の目標である「幸せになること」とはしばしば対立します。

　これを両立させようとすれば、ビジネスの成長とともに利益を拡大し続けると同時に、労働者への分配も増やしていくことしかありません。

　このような、企業にとっての「利潤の最大化」と「最大多数の最大幸福」（ジェレミィ・ベンサム）の両方が実現できる企業がこれからの企業にとって重要な位置を占めるでしょう。

金融機関の役割

お金を預ける／借りる
……都市銀行、地方銀行、ゆうちょ銀行、信用金庫・組合など
お金を預ける／運用する
　　　　　　　　　……信託銀行、証券会社、保険会社
お金を借りる……クレジット会社、消費者金融会社

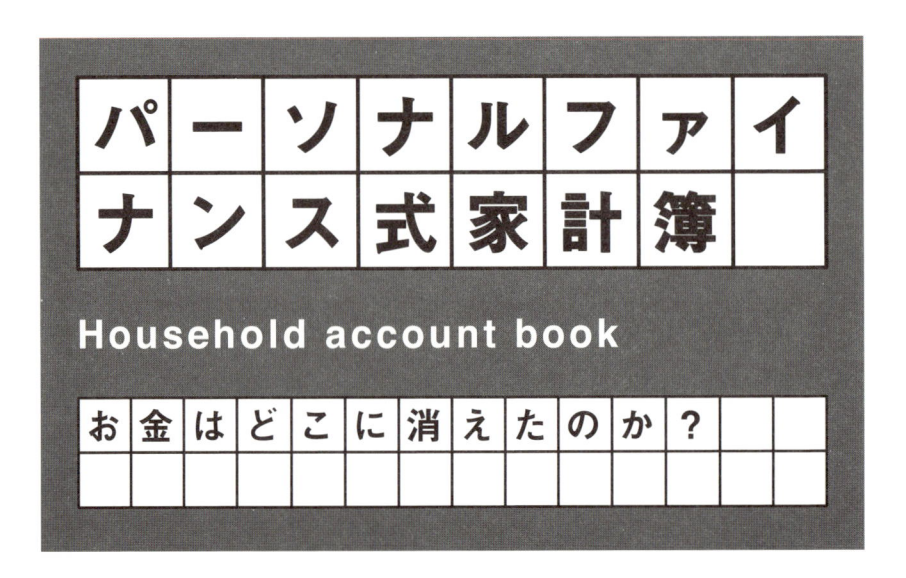

パーソナルファイナンス式家計簿

Household account book

お金はどこに消えたのか？

まず「何にいくら使ったのか」を知る

　お金は毎日どんどん消えていきます。使ったつもりがなくても、泥棒が入った形跡がなくても、お金は財布からどんどんなくなっていきます。

　もちろん、本当に"消える"わけではありませんから、実際には気付かないところで使っているはずです。

　あなたは自分のお金がいったいどこに消えていくのか、考えたことがありますか。

　このことを知るためには簡単な方法があります。**家計簿を付ける**のです。家計簿といえば、収入の欄と、何に使ったかという支出の欄というイメージがあるかもしれませんが、今回紹介する家計簿ではいくつかの項目をプラスします。

　ある月の支出項目を「食費」「衣料費」「住宅費」「光熱費」「医療費」「レジャー費」などの項目に振り分けていきます。

たとえば、こんな具合です。
それぞれの項目の合計を出します。

```
食費     4万円
衣料費   5000円
住宅費   8万円
光熱費   1万円
医療費   5000円
レジャー費   6万円
支出の合計    20万円
```

　各項目の金額を支出総額（この場合だと20万円）で割って、支出に占める割合を見てみます。
　すると、

```
食費     20%
衣料費   2.5%
住宅費   40%
光熱費   5%
医療費   2.5%
レジャー費   30%
```

となりました。

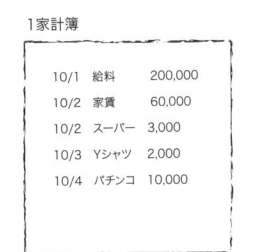

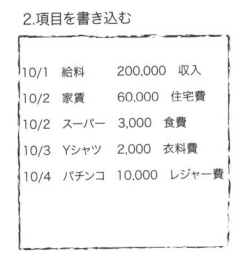

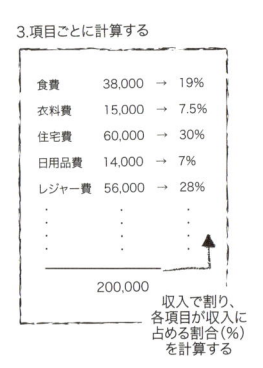

1.家計簿	2.項目を書き込む	3.項目ごとに計算する
10/1 給料 200,000 10/2 家賃 60,000 10/2 スーパー 3,000 10/3 Yシャツ 2,000 10/4 パチンコ 10,000	10/1 給料 200,000 収入 10/2 家賃 60,000 住宅費 10/2 スーパー 3,000 食費 10/3 Yシャツ 2,000 衣料費 10/4 パチンコ 10,000 レジャー費	食費 38,000 → 19% 衣料費 15,000 → 7.5% 住宅費 60,000 → 30% 日用品費 14,000 → 7% レジャー費 56,000 → 28% ： ： ： 200,000

収入で割り、各項目が収入に占める割合(％)を計算する

　何に使ってお金が消えたのかが見えやすくなりました。
　果たして、自分の考えていた通りのお金の使い方をしていたでしょうか。考えていないようにできていないということであれば、これがお金が貯まらない理由です。
　たとえば、上の家計簿を見るとレジャー費が多すぎないでしょうか。もしかしたら日々の憂さを飲み会やパチンコなどで晴らしているのではないでしょうか。
　第1章でも説明しましたが、何はともあれ「**Paying yourself first（まずは自分に投資せよ）**」を実践する、つまり給料が入ったらすぐに貯蓄するということが大事です。
　貯蓄するには、家計簿の項目を見て、削れるところはがまんして削る必要があります。もらったお金をまるまる使ってしまってはいけないのです。

お金を余らせるための2つの方法

　また、ここで考えてほしいのは、将来のためにお金を用意する方法です。それには、次の2通りの方法があります。

（支出額は同じままで）**今よりも多くのお金を稼ぐ（収入を増やす）**、あるいは**支出額を今よりも少なく抑える（支出を減らす）**、の2つの方法です。

どちらの場合もお金が余るので、貯蓄に回すことができます。あとは坂道を転がすように複利のマジックを働かせるのです。

支出を減らすのは生活を切り詰めるのでイヤです。なので、一番の理想は収入を増やすことです。

ところが今の日本では、年齢が上がっても、これまでのように給料は上がらないといわれています。今より多くのお金を稼ぐことが難しくなっています。会社の仕事のほかに、夜間のアルバイトでもして「より多くのお金を稼ぐ」しか方法はありません。

貯蓄に回すキャッシュをつくる！

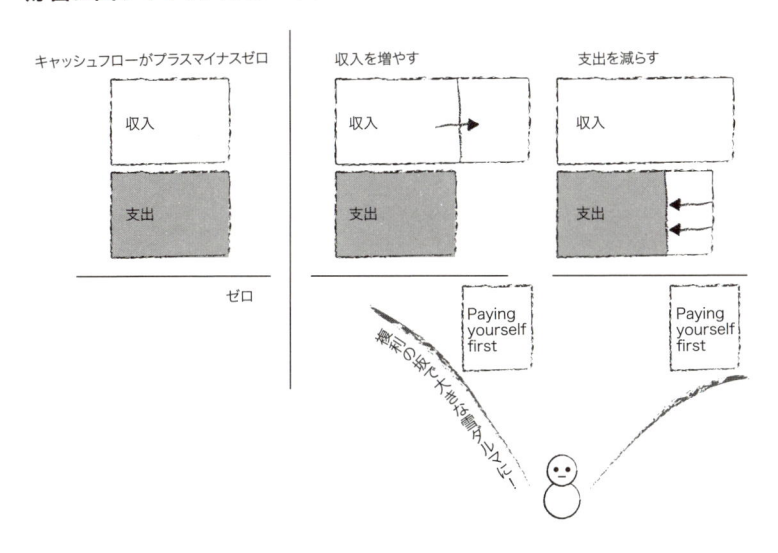

キャッシュフローがプラスマイナスゼロ	収入を増やす	支出を減らす
収入 / 支出	収入 / 支出 → Paying yourself first	収入 / 支出 ← Paying yourself first

しかし、それでは寝る時間がなくなってしまいます。時間には1日24時間という希少性があります。これは誰にとっても同じです。

☞ **希少性とは、すべての社会が直面する根本的な経済問題です。希少性とは、商品（財・サービス）に対する人間の欲求が、実際に利用できるすべての資源を用いて生産できる商品（財・サービス）の数量を上回っているときに生じます。**

やはり、ここは時間をかける方法でなく、スキルアップして自分の価値（人的資本）を高めるという方法で、多くの賃金をもらうことを考えるべきです。

ただ、この「収入を増やす」方法はすぐにできません。自分でコントロールができないのです。自分でコントロールができるのは「支出を減らす」方法です。

収入をアップするよりも、支出を抑えた方が簡単だし楽なので、将来のためのお金を用意するには、「支出額を今より少なく抑える」べきです。

何に対する支出を抑えるか、それは家計簿を見ればおのずとわかります。レジャー費の割合はほかと比べてどうでしょう？　ほかに目立つ割合はないでしょうか。

収入からは、真っ先に貯蓄分を差し引いてしまいましょう。「Paying yourself first」を実践するのです。生涯にわたるお金に困らない暮らしのためには、自分自身の決定と行動で将来を築いていくべきなのです。

稼いだお金を貯蓄に回す2つの方法

- 今よりも多くのお金を稼ぐ……収入を増やす
- 支出額を今よりも少なく抑える……支出を減らす

3つのゴール
Three Kinds of Goals
将来のあなたが欲しいものは？

3つのゴールを考えてみよう

　今、目の前にあるお金があるとします。このお金を貯蓄をせずにすぐに使ってしまうことで生じる機会費用は何だと思いますか。

☞**機会費用とは、選択の結果、あるものを選んだためにあきらめた（犠牲にした）別の次善のものをさします**（47ページ参照）。

　答えは、「**お金を貯めることで将来買える別のモノ**」です。今お金を使わずにとっておけば、もっと別の好きなモノを買えるかもしれません。しかも複利のマジックでお金が膨らみ、今よりも良いモノを買えるのです。
　さて、アメリカのパーソナルファイナンスでは、学生に対して、「**未来の自分には、少なくとも3つのゴールが待ちかまえている**」ということを教えます。
　そして、それぞれのゴールについて考えさせます。
　1つ目のゴールは短期的なゴールです。今後2カ月以内に何をす

べきか、または、何が必要になってくるかを考えるのです。

　2つ目のゴールは中期的なゴールです。今後3年以内に何をすべきか、何が必要となってくるかを考えるのです。

　3つ目は最も長期的なゴール、3年後から先、将来的に何をすべきか、何が必要になってくるかを考えるのです。

　たとえば、あなたが高校に入学したばかりだったとしたら、短期的なゴールは何でしょうか。

　今後2カ月以内のゴールとして、たとえばiPodなどの流行のグッズが欲しいと考えるでしょう。一方で必要になるのは、受験勉強用の教材や参考書でしょう。

　では、中期的なゴールは何でしょうか？　今後3年以内といえば、車にも乗れるようになるでしょうから、運転免許の取得や自動車か

もしれません。その一方で必要になるのは、大学の入学金と学費でしょう。

さて3年後から先、長期的なゴールは何でしょう。

夢多き人はさまざまなゴールを夢想するでしょう。現実的には就職、結婚、住宅購入、子どもの教育などが控えています。

さらに、年齢を重ねれば、老後の生活費（たとえば年金）でしょう。

皆さんがしたいことは楽しいことばかり、しかし現実に出合うのは目をそむけたくなることばかりかもしれません。

しかも、すべてお金のかかることなのです。

このお金をどう用意すればいいのでしょうか。

もちろん、目標を「世界平和」や「家族の健康」など、お金に替えられないものにするのもけっこうです。

しかし、どんなに最低限の生活を送るとしても、生きていくにはお金がかかることは事実です。お金が資本主義社会におけるほぼ唯一の交換手段である限り、人生とは切っても切り離せません。

こうしたゴールとそれにともなう選択と決定は、長期的には人生に大きな影響を与えるのです。

ゴールについてはそう難しく考える必要はありません。

たとえば、今自分が直面している問題を書き留めることからはじめればいいのです。

5段階の意思決定モデルを使う

アメリカのパーソナルファイナンスでは、**5段階の意思決定モデル**を紹介しています。システマティックな意思決定は、3つのゴールなど人々がお金に関する選択をする際に役立ちます。

第1段階　直面する問題を特定する。
第2段階　選択肢をリストアップする。
第3段階　判断基準を決める。
第4段階　選択肢を判断基準に従って評価する。
第5段階　選択肢の中から1つを選ぶ決定を行なう。

「第1段階　直面する問題を特定する」では、あなたの夢や悩みをノートにどんどん書き出してみます。

たとえば、「世界を股にかける商社に勤めたい」という将来の目標や、「今度の休みには沖縄に遊びに行きたい」など近いうちに実現したい目標を書き出します。

「第2段階　選択肢をリストアップする」では、その夢を実現するためには何をすべきかを夢の横に書き出してみましょう。

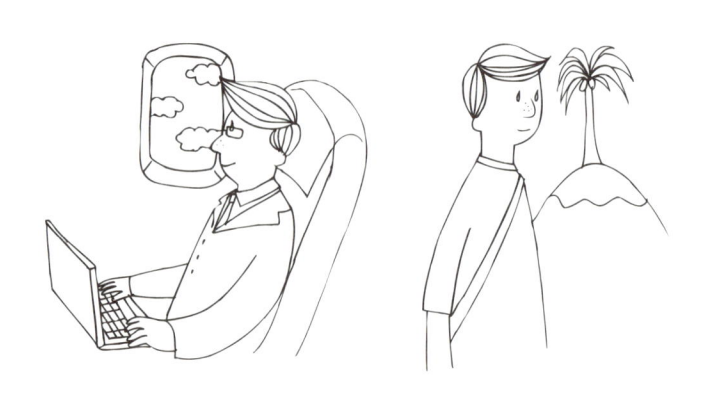

「世界を股にかける商社に勤めたい」という夢をかなえるためには、まずはある程度評価の高い大学に進学することが必要です。

あるいは、英語力を高めるために海外留学もしておいた方がよさそうです。大学進学や海外留学をするためのお金を今から貯めておく必要があります。

すると「今度の休みに沖縄に遊びに行きたい」と、どうやらぶつかるようです。なぜなら、沖縄旅行をするにはお金がかかりますから。

そこで、「第3段階　判断基準を決める」必要が出てきます。

将来の目標と直近の目標が同じ方向を向いていれば問題ないのですが、そうでないときは何らかの判断基準が必要になってきます。

この場合は、どちらの目標を優先したいのかをはっきりさせることです。よく考えたら、あなたはそれほど本気で商社で働きたいとは思っていないのかもしれません。このあいだテレビで見た、商社を舞台にしたドラマが面白かったというだけの理由かもしれません。

あるいは、沖縄旅行だって、学校の友だちに誘われたから、何となく面白そうだなと思っただけなのかもしれません。

優先したい目標が定まらなければ、ひとまず今回の判断基準は「自分にとって役に立つ」に決めてしまいましょう。

そこで「第4段階　選択肢を判断基準に従って評価する」では、「自分にとって役に立つ」のは、商社への就職か、沖縄旅行かを考えることになります。

最後に「第5段階　選択肢の中から1つを選ぶ決定を行なう」ですが、費用・便益アプローチを使います。

☞ **費用・便益アプローチとは、次の式でかしこい選択をすること**

最優先すべきもの（純便益）＝得られる利益（便益）－費やされる時間・お金（費用）

　かしこい消費者は支出先を決定するために、複数の選択肢の便益と費用をそれぞれ比較するのです。

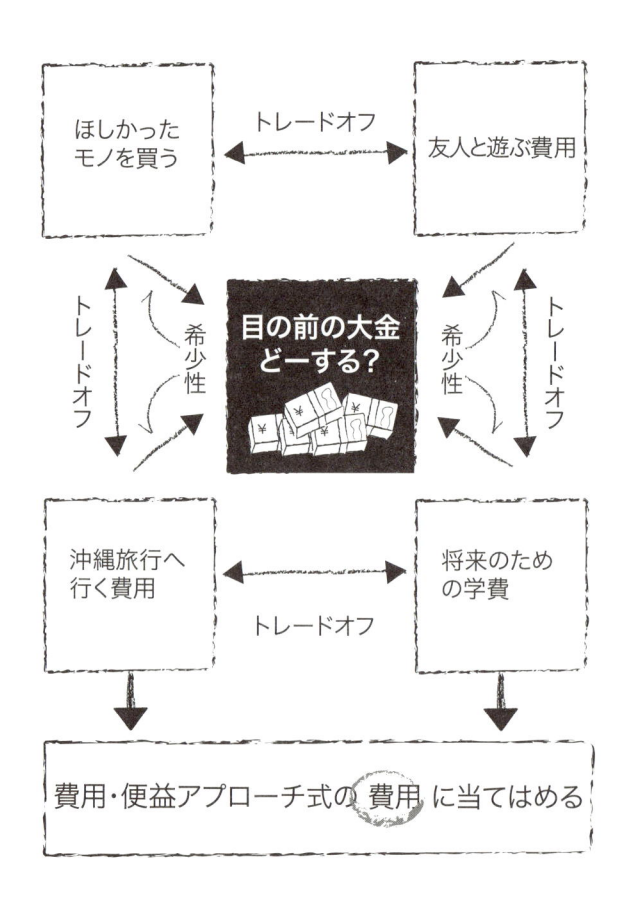

```
┌──────────┐  トレードオフ   ┌──────────┐
│ ほしかった │◄─────────────►│ 友人と遊ぶ │
│ モノを買う │                │ 費用      │
└──────────┘                └──────────┘
    ▲  ╲                        ╱  ▲
    │   ╲  希少性    ┌────────┐ 希少性 │
  ト│    ╲          │目の前の │       │ト
  レ│     ►         │大金    │       │レ
  ー│              │どーする？│       │ー
  ド│     ◄         │        │       │ド
  オ│    ╱          └────────┘       │オ
  フ│   ╱                    ╲      │フ
    ▼  ╱                      ╲    ▼
┌──────────┐                ┌──────────┐
│ 沖縄旅行へ │◄─────────────►│ 将来のため │
│ 行く費用  │   トレードオフ  │ の学費    │
└──────────┘                └──────────┘
      │                          │
      ▼                          ▼
┌────────────────────────────────────────┐
│ 費用・便益アプローチ式の（費用）に当てはめる │
└────────────────────────────────────────┘
```

　最優先すべきもの（純便益）が最大になる選択肢が、ベストの決定です。 つまり、かしこい選択をすれば、より多くの便益を手に入

れられるというわけです。
　2つを比べてみましょう。

商社に勤める場合
商社に勤める純便益＝商社からもらえる給料など－学費や勉強に費やした時間など

沖縄旅行に行く場合
沖縄旅行の純便益＝楽しい思い出－旅行にかかったお金

「商社に勤める純便益」と「沖縄旅行の純便益」のどちらが、より「自分にとって役に立つ」（判断基準）でしょうか？
　かしこい「決定」は、別の選択肢を選んだときの「便益」と「費用」、およびその差である「純便益」を比較考量して下される——かしこい選択をすれば、もっているお金は一定でも、より大きい純便益を手に入れられるというわけです。

システマティックな意思決定モデル

第1段階　直面する問題を特定する。
第2段階　選択肢をリストアップする。
第3段階　判断基準を決める。
第4段階　選択肢を判断基準に従って評価する。
第5段階　選択肢の中から1つを選ぶ決定を行なう。

3つのゴール

負債

Debt

良い借金、悪い借金

借金を「費用・便益アプローチ」で考える

　借金（負債を負う）はできるだけしない方がいい——すでに複利のマジック（複利で負債が膨らんでいくことのリスク）を知った皆さんにとっては、このことはかなりリアルに感じられるのではないでしょうか。

　しかし、すべての借金がいけないわけではありません。

　いってみれば、**借金には「良い借金」と「悪い借金」がある**のです。

　良い借金とは、将来の目標のための借金です。たとえば、大学に進学するときに組む教育ローンなどです。将来的には、リターンとなって返ってくること——たとえば、いい会社に就職して高給を得るようになるなど——が高い確率で期待できるのですから、借金をするのは仕方がありません。

　確かに、**短期的に見れば借金ですが、将来より良い生活を送るための投資ともいえます**。

　それに対して悪い借金とは、たとえば、パチンコ、競輪、競馬な

どのギャンブルに使うためとか、日頃のウサを晴らすためとか、ぜいたく品やブランド品を買うためにお金を借りることです。

確かに、気分はリフレッシュするでしょう。また、ギャンブルの場合は当たることもありますから、多少のリターンがあるかもしれません。ただし、所詮は借金したお金ですから、利息を付けて返さなければなりません。何だか空しいですね。

たとえば、先ほど紹介した費用・便益アプローチの式「最優先すべきもの（純便益）＝便益－費用」をギャンブルに当てはめてみましょうか。

「ギャンブルをして楽しかった！」（便益）－「数十万円かかった」（費用）＝？？？

……どれだけの純便益が残るでしょう。多少のリターンがあったとしても、借金は残るのではないでしょうか。

たとえば、

「資格試験の講座を受けた」（便益）－「数十万円かかった」（費用）＝「合格したので給料がアップした」

というケースに比べて、純便益が低いことは一目瞭然ですよね。

クレジットカードは便利で親切？

もし、クレジットカードで、レジャーやギャンブルのための資金を借りた場合には気を付けなければいけないことがあります。

クレジットカードは一見、支払いを先延ばしにしてくれる便利で

親切な道具に思えます。

　しかし、実際には、**カードを利用するということは、クレジット会社に対して借金を背負うことに、ほかなりません。**

　クレジット会社は、金利を払って銀行から資金を借り入れ、その資金をカード利用者の支払いへの立て替えに使います。その際クレジット会社は、皆さんの借金に上乗せする利息が目当てで、支払いを立て替えてくれるのです。**多くのクレジット会社の金利は10%程度（リボ払いの年利は15%）とかなり高めです。**

　クレジットカードを使うときには、「返せそうなお金の範囲内」であるかを慎重に考える必要がありますし、仮にその金額を超える場合は利息にも注意するべきです。

　また、クレジットカードには利用限度額がありますが、限度額が

いっぱいになってそのカードが使えなくなると、別のクレジット会社のカードを使って借金をしてしまうという人がけっこういます。

カードAの返済のためにカードBで借金をするなんてことを繰り返すうちに、借金が雪だるま式に膨みます。ついにはクレジット会社よりも高利をとる消費者金融にお金を借りはじめてしまうというケースもあります（**何と、多くの消費者金融の金利は14.4%前後です！**）。

とはいっても、世の中は何をするにもお金がかかるもの。ときには、どうしても借りざるを得ない場合もあります。

次の2つのケースで、どのようにお金を借りるべきかを考えてみましょう。

■Aさん

22歳の新入社員。現在は年収250万円（額面）。就職後、新車の購入資金として20万円貯金をした。120万円程度の自動車を買いたいので、不足する100万円のお金を借りたいと考えている。

こういう人はクレジット会社にとって理想的な利用者です。

ただ、自動車を購入したいという人に向けて、銀行などがカーローンを用意しているので、こちらを利用するといいでしょう。一般のカーローンは年利**2.0〜3.0%**です。

クレジット会社の金利（**10%**程度、リボ払いの金利は**15%**）、消費者金融の金利は**14.4%**前後と比べると、どちらで借りるべきかは簡単にわかりますね。

負債

■Bさん
　45歳の会社員。17歳の子どもが化学の勉強をするために大学に進学する。学費として250万円を借りたい。

　この方もクレジット会社としては好ましい利用者です。
　しかし、通常教育費の場合は、各種の奨学金や銀行などの教育ローンを利用します。奨学金として最も利用されているのが日本学生支援機構。要件の厳しい第一種なら無利子。第二種なら有利子ですが、通常は**1%**、最大でも**3%**です。

利息はどう決まるのか？

　ここで、利息について考えてみましょう。
　利息は誰がどうやって決めるのでしょうか。そして、銀行の利息とクレジット会社の利息との間に、これほどの違いがあるのはなぜでしょうか。
　確かに私たちにしても、他人にお金を貸すときは高い利息を付けたい、借りるときは低い利息にしたいと思いますよね。
　しかし、実際には、個人間の貸し借りでは、利息は自由に決められますが、通常は世の中の相場に従います。貸すときはさほど高い利息を付けることができませんし、借りるときには高い利息を支払うことになります。
　たとえば、銀行に預金した（貸した）ときの利息よりも、銀行からお金を借りたときの利息の方が高いのです。
　クレジット会社や消費者金融の利率が高いのは、企業活動の中心がお金を貸すことだからです。できるだけ多くの人にお金を貸して、多くの利息を払ってもらえば、利益が高まります。

しかし、多くの人にお金を貸すと、中には「返さない人」や「返せない人」が出てきてしまい、思わぬ損失をこうむります。

そのため、あらかじめ高い利息をとることで、思わぬ損失というリスクに備えるのです。

いくら借り手が、低い利率で借りたいと思っても、信用が低いと金利は高く設定されますし、下手をすると借りることすらできません。

あなたに対する「信用」の度合いによって、金融機関の利率は変わってくるのです。

たとえば、アメリカでは借り手の信用をはかる「3C」といわれる基準があります。

3Cとは、借り手に約束にしたがって返済する意志（Character）があるか、返済能力（Capacity）があるか、あるいは担保（Collateral）があるかの3つの基準です。 アメリカのローン担当者は、この3つを見て取引の是非を判断（審査）する必要があるといわれます。

☞ **担保とは、返済ができなくなったときに代わりに提供できる不動産や株券などの財産です。**

アメリカでは、この「信用」によって、人生が大きく左右されます。

収入の記録や、ローンの返済歴などの信用情報は、**個人信用情報機関**に一元化されて記録されます。個人信用情報機関とは、金融業界によって設立された共同利用機関です。

アメリカで大問題になった住宅ローンの貸付の焦げ付きですが、発端となったのは「**サブプライムローン**」です。

これは、一般的な住宅ローン（プライムローン）を組むだけの「信

用がない」と個人信用情報機関に登録されているような人たちでも借りることのできるローンだったのです。

> **お金を借りる人の「信用」は3つのCで表される**
>
> **返済意志（Character）**……本気で返済する気はあるか？
> **返済能力（Capacity）**……返済するお金はどこで用意するのか？
> **担保（Collateral）**……返済できない場合の責任は？

```
┌─────────────────────────────────┐
│ │中│央│銀│行│ │ │ │ │
│                                 │
│ Central bank                    │
│                                 │
│ │中│央│銀│行│が│あ│な│た│の│財│布│を│ │ │
│ │握│っ│て│い│る│！│ │ │ │ │ │ │ │ │
└─────────────────────────────────┘
```

日銀が金利の基準を決める

　皆さんのお財布に入っているお札を見てください。大きく「日本銀行券」と書かれています。**日本銀行（日銀）とは日本の中央銀行です。**

　中央銀行の大きな役割の1つにお札の発行**があります。**

　そして、もう1つの大きな役割が、国の金利の基準を決めることです。これを「**政策金利**」といいます。

　かつては公定歩合が金利の基準になっていましたが、現在は**政策金利の上下を参考にして、銀行は金利の利率を決めています。**

　つまり、政策金利に自分たちの取り分（利益）を上乗せして、さまざまな金利を設定するのです。

☞政策金利とは、現在では、銀行同士でお金を貸し借りする市場（コール市場）での金利のこと。その市場での金利を日本銀行が誘導目標水準として決めています。短期金利ともいいます。

政策金利＋銀行の利益率＝銀行の金利

　その次に政策金利の影響を受けるのが、民間銀行から融資を受けるクレジット会社や消費者金融です。
　このような**ノンバンクといわれる金融機関は、民間銀行からお金を借りて、そこに自分たちの利益を上乗せして金利を決めます。**

政策金利＋銀行の利益率＋ノンバンクの利益率＝ノンバンクの金利

ということになります。

☞**ノンバンクとは、預金の受け入れはせずに、融資だけを行う金融機関のこと。クレジット会社や消費者金融会社**などです。

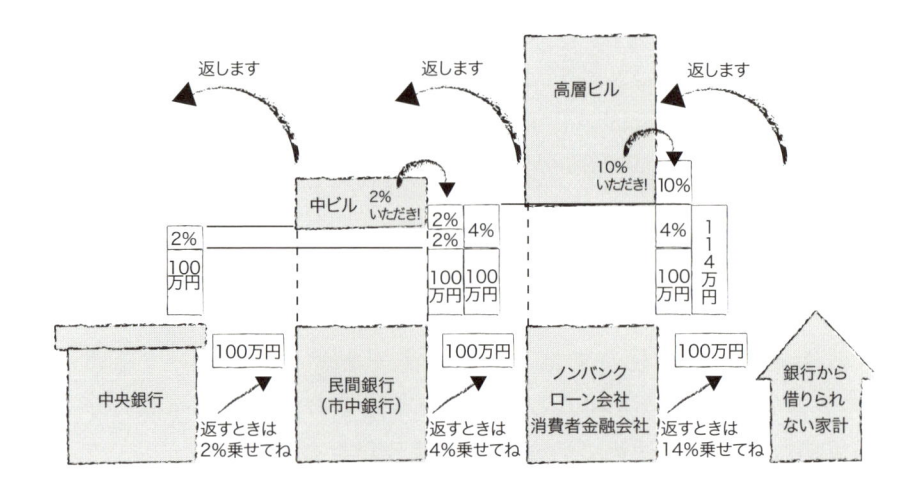

（図：中央銀行→民間銀行（市中銀行）→ノンバンクローン会社（消費者金融会社）→銀行から借りられない家計　100万円の融資と返済の流れ。中ビル2%いただき！、高層ビル10%いただき！、返すときは2%乗せてね／4%乗せてね／14%乗せてね）

日銀は景気のアクセルとブレーキを操る

　日銀が政策金利を決めるのは、国民が借金をしやすくなるようにとか、借金をしにくくなるようにと考えてのことではありません。

　日銀の大きな目標として、**国全体の物価の安定**があります。**物価を安定させるために、日銀はそのときどきの経済状況を判断して、政策金利を上下するのです。**

　政策金利の影響を最初に受けるのは、民間銀行（市中銀行）などの金融機関です。

　日銀は、民間銀行を利用して、自分たちの政策を実現しようします。

　それが**景気のアクセルとブレーキ**です。

　まず、景気のアクセルから説明しましょう。

　政策金利が低ければ、銀行をはじめとする金融機関は融資の金利を下げます。お金を借りる側も、金利が低ければ借りやすくなります。これと同時に**銀行の預金金利も下がります。**

　銀行にお金を預けておいても利息が少ないと、企業や家計（消費者）は現金を使って、あるいは銀行からお金を借りてさまざまな挑戦（消費や投資）をはじめます。

　その効果で、世の中全体の景気が良くなります。景気のアクセルの役割を果たします

　反対に、**政策金利が高ければ、**金融機関の融資の金利が上がるため、企業も家計もなるべくお金を借りないようにします。借りているお金もなるべく早く返したくなります。

　同時に、**銀行の預金金利が上がります。**預金をするとたくさん利息が付くため、預金する人が増えて、世の中に出回るお金の量が少なくなります。

要するに、財布のヒモが固くなるので、世の中全体の景気が悪くなります。景気のブレーキの役割を果たします。

政策金利という景気のアクセルとブレーキをどう操作するか、これが日銀総裁の最も重要な仕事なのです。

さて、この説明を読むうちに、「日銀に直接お金を借りられたら、最も利息が低くて、得なのではないか」と気付いた方もいるでしょう。

しかし、残念ながら日銀は一般人を相手にしていません。銀行にしかお金を貸さないのです。

景気のアクセルの役割

日本銀行の政策金利が低い。→金融機関の融資の金利も低くなる。→お金を借りやすい。

銀行の預金金利が下がる。→家計や企業は預金をしないで（あるいは銀行からお金を借りて）消費や投資をはじめる。→その効果で世の中の景気が良くなる。

景気のブレーキの役割

日本銀行の政策金利が高い。→金融機関の融資の金利も高くなる。→なるべくお金を借りたくない。

銀行の預金金利が上がる。→利息目当てに預金する家計や企業が増える。→みんなの財布のヒモが固くなり、世の中の景気が悪くなる。

インフレーション

Inflation

もしあなたが日本銀行の総裁なら

景気が良すぎても、良くない

　日銀の政策が景気の動向に大きな影響を与えることがおわかりいただけましたね。だからこそ、日銀総裁には、今の経済を的確に理解して、どういった対策を講じるべきかがわかる人がふさわしいのです。

　たとえば、最近は給料は上がらないのに燃料高の影響で物価がどんどん上がっています。みんな買い物（消費）をしたがりません。それでも、時期がくれば住宅ローンや教育ローンを借りざるを得ません。

　こうした庶民の苦しみを知らない人が、日銀総裁に就任して、もう少し金利を上げたいと、利率を決める日本銀行政策委員会の金融政策決定会合で、金利をいきなり10％に引き上げたとしたらどうなるでしょうか。もちろん、今まで以上に景気にブレーキがかかります。

　たとえば、現在、比較的低利な教育ローンですら、これまでの利率では貸す方が赤字になってしまいますから、利率を上げます。十

数％になるはずです。

　これでは、教育ローンもうかつには組めなくなってしまいます。クレジット会社のローン金利も、法律で制限された最高利率の15％になるはずです。これでは、みんなの財布のヒモはますます固くなります。

　銀行の預金金利も高くなるから、預けたままにするでしょう。さらに、各家庭が生活費や遊興費を切り詰めはじめるため、衣食住を中心にあらゆる産業の売り上げが落ち込むことでしょう。特に旅行、レジャー産業は大きな打撃をこうむります。

　このように不景気になったら、今度はアクセルを踏む必要があります。

　たとえば、政策金利を10％から0.5％に引き下げたとしたらどうでしょう。そうすると教育ローンや住宅ローンも1～2％くらいになるでしょう。これならば、多くの人が安心して教育ローンも組めますし、住宅ローンも組む人もぐんと増えるでしょう。

　もちろん、銀行の預金金利も下がるため、家計も企業もお金を預けておくよりは、どんどん使おうと考えるでしょう。景気はどんどん良くなります。

　みんな「ずっとこの状態が続くといい」と思うでしょう。

　ところが、この状態が続くと、今度は街中にお金があふれ出します。お金が増えすぎてモノが足りなくなります。経済学的にいえば、通貨の供給量が増加したり、流通速度が速くなったりするわけです。

　すると、「**インフレーション（インフレ）**」が起こります。

お金が増えすぎて、その価値が下がると、相対的にモノの価格（名目価格）が上がる、つまり物価高になるのです。誰もが簡単に1万円を手に入れられるようになったら、その価値は下がるのです。

　モノを売る側は、それまで1万円で売っていたモノを100万円や

1000万円で売らないと割りが合わないと考えて、値段を上げるでしょう（もちろんこれは極端な例ですが……）。これがインフレです。

世界最悪！　ジンバブエのインフレ

　インフレの世界最悪の水準は、アフリカのジンバブエです。独裁政権に対する各国の経済制裁などにより、消費者物価上昇率は前年比220万％になっているそうです。

　たとえば、こんな状況です。

　半年前に発行された1000万ジンバブエ・ドル札はすでに価値がなくなっている……、最高紙幣だったはずの500億ジンバブエ・ドルが日本円に換算すると数百円程度の価値しかない……、500億ジンバブエ・ドルを大量にもっていても、どんどん価値が下がっていき

ます……。

　1日に2〜3回、食糧価格などが値上がりしています。人々は価値が下がる一方の紙幣を抱え、価格が上がり続けるパンを買うために店の前で行列を作っています。

　これは、1年前に100円で買えたパンが220万円になっているというような事態です。しかも、パンはまだまだ値上がりします。モノの価格が上がり、それに対応していたお金の価値がどんどん下がっていくのです。

　こんな状態では貯金をする人はいなくなりますね。お金の価値が下がっていくのですから、少しでも早くモノを買っておかなければなりません。

　……こうなったら大混乱です！（実際、ジンバブエは政治も経済も大混乱になっています）モノが少なくなる一方で紙幣を刷り過ぎたことが混乱の原因です。

　こうした事態に陥らないようにするのが、中央銀行（日銀）の役目です。

　中央銀行の目標は「物価を安定させる」ことでした。このため、望ましい物価水準の上昇スピードになるように、政策金利というアクセルとブレーキを上手にコントロールする必要があるのです。

　日本でいえばインフレのときには、日銀が金利を引き上げて景気にブレーキをかけるわけですが、ブレーキをかけるタイミングとどれくらいの強さでかけるか（金利をどれくらい上げるか）が、日銀総裁の腕の見せ所になるのです。

スタグフレーションに苦しむ日本

　現在の日本の問題は、インフレとはまた別のところにあります。

ついこの間まで「**デフレーション（デフレ）**」の状態でした。
☞**デフレーションとは、お金の価値が上がって、相対的にモノの価格が下がること。インフレーションの反対。**

　いくら日銀がゼロ金利にして市場にお金をだぶつかせようとしても、ほとんどの金融機関と多くの企業がバブル崩壊後の土地価格と資産価格の急降下により、多くの不良債権（戻ってこないお金）を抱えてしまい、日銀が思ったようには動かなくなってしまったのです。
　銀行は、融資が思ったようにできなくなってしまい、市場にお金が回りません。
　市場にお金が少なくなれば、お金の価値が上がり、しかも人々がモノを買わなくなれば、物価が下がってデフレ（物価下落）になります。 お金が少なくなり、その価値が上がると、相対的にモノの価格（名目価格）が下がるのです。
　銀行があまり融資をしなくなると、企業も設備や研究開発などに投資できなくなりますし、一般家庭も住宅ローンなどが組みづらくなり、不動産も売れません。家計も企業もお金を使えなくなるため、世の中全体の景気が悪くなります。
　そこへ、中国をはじめとする外国の安い労働力で作られた安い商品がどっと日本に入ってきました。これに引きずられて、国内企業の商品の価格も押し下げられます。インフレ（物価高）とデフレ（物価下落）を判断する指標の1つ「**消費者物価指数**」が下がります。

☞**消費者物価指数とは、全国の世帯（消費者）が店頭で実際に商品を購入するときの、価格（物価）の変動を表す指数。国民の生活水準を示す指標の1つとして使われます。**

家計は、物価が下がりはじめると、まだまだ下がるだろうと期待します。安い商品以外に対して、買い控えが起きるのです。このためにモノがなかなか売れなくなります。
　これを「景気後退（Recession）」といいます。企業は商品を売りたいために、仕方なしに価格を下げます。
　すると、その商品がいくら売れても利益が少なく、社員の給料は上がりません。ますます買い控えが進みます。この状態がもっと深刻化するとデフレになります。
　このようにして、デフレがデフレを呼ぶことを「デフレスパイラル」と呼びます。
　さて、銀行の不良債権処理も一段落し、家計の買い控えも収まり、デフレが一段落したかに見えた2008年に、今度は原油・食糧価格が急騰しました。
　原油高は、原油を原料とするさまざまな商品の値上げを呼びます。もちろん、燃料代、運送費も高くなります。今度は原油高を原因とするインフレがはじまったのです。
　景気停滞の中で物価高が起こることを「スタグフレーション（Stagflation）」と呼びます。景気停滞（Stagnation）＋物価上昇（Inflation）の造語です。スタグフレーションの状況下では困った問題が起きます。**スタグフレーションでは、日銀が政策金利を調整することでインフレをコントロールするという通常の手段が通じなくなるのです。**
　インフレ（物価高）を抑えるためには政策金利を上げるのがセオリーです。しかし、政策金利を上げても、日本国内は景気が停滞していますから、今まで以上にお金が回らなくなり、景気が悪化するだけです。
　一方で、原油高は国外の問題ですから、日本国内ではどうしよう

もありません。原油をきっかけにした物価高はおさまりません。物価高に政策金利の上昇でブレーキが重なり、買い控えがより進むことになります。

では、いっそのこと、セオリーとは反対に政策金利を下げたらどうでしょうか。金利を下げに下げて、国内をお金でジャブジャブにするのです。しかし、政策金利は0.5％と低水準です。それまではもっと低い政策金利でしたが、インフレにはなりませんでした。

世の中の人々は、しばらくの間は景気が良くならないと予想して（期待して）消費を控えたのです。現在の状況で、お金がたくさん手元にあったとしても、原油高の不景気ですから、将来に不安を抱く多くの人が消費を控え、貯蓄に回すでしょう。

または、より原油に関係するモノを買っておこうと考えて、結局、原油高に拍車がかかるだけという結果になるでしょう。

中国からの輸入品がきっかけになって、デフレが進んだり、海外の原油高がきっかけになって、物価高が進んだりと、日銀のアクセルとブレーキだけでは景気を操作できない状況が続いています。

国際的なモノとカネの流れを前にすると、日銀は何もできないという現実があります。

日銀の金融政策は、このほかに「**公開市場操作**」（民間銀行と国債の売買をすることで通貨の供給量を操作する）、「**法定預金準備率操作**」（日銀にある民間銀行の口座の預金準備率を変化させて通貨の供給量を調整する）があります。ともに物価の安定を目的として実施されます。

インフレーション　113

インフレーション（インフレ）

通貨の供給量が増加してお金の価値が下がると、相対的にモノの価格（名目価格）が上がる。

デフレーション（デフレ）

通貨の供給量が減ってお金の価値が上がると、相対的にモノの価格（名目価格）が下がる。

スタグフレーション

景気停滞の中で物価高が起こること。日銀が政策金利を上下することで、インフレをコントロールするという通常の手段が通じなくなる。

実質金利とインフレリスク

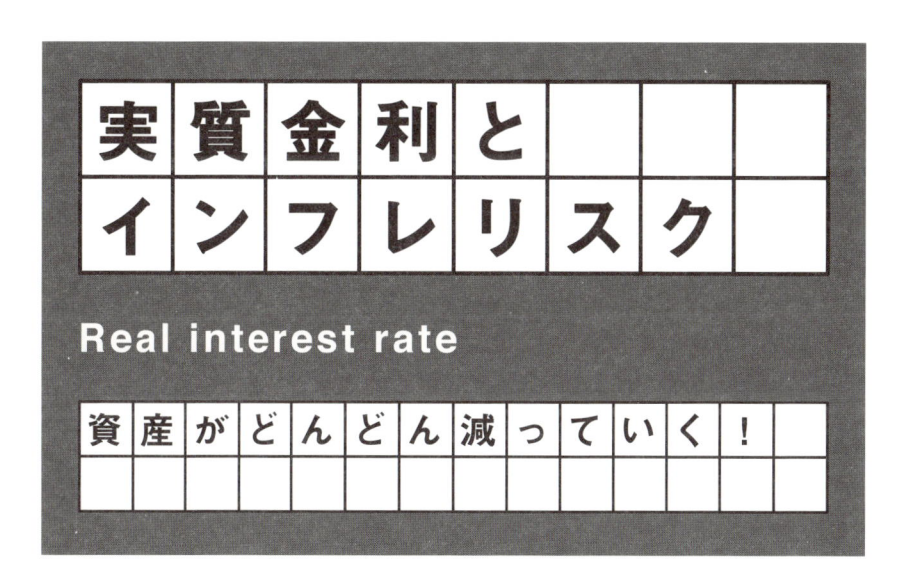

Real interest rate

資産がどんどん減っていく！

貯金を蝕むインフレリスク

　インフレは金利とも大いに関係があります。
　ここで金利とインフレの関係について考えてみましょう。**インフレを数値化したのが「インフレ率（物価上昇率）」**です。インフレ率は各国の経済状況で変わってきますが、たいていは数％の範囲内です。
　金利には、「名目金利」と「実質金利」の2つがあります。
　名目金利とは、今までお話ししていた金利のことです。しかし、この金利には通常インフレ率がそのまま含まれています。そして、名目金利からインフレ率を引いたのが実質金利です。

実質金利＝名目金利－インフレ率

　つまり、金利が上昇したと思ったら、インフレ率、物価の上昇の

方が大きい、こういうことがあり得るのです。

　たとえば、同時期の金利（名目金利）とインフレ率が同じ5％だった場合、銀行に100万円を預けると、1年後には105万円になります。

　ただし、インフレ率が5％ですから、100万円で買えるモノの値段は1年後には105万円に上がります。

　つまり、今買っても、1年後に買っても同じです。

実質金利＝名目金利（5％）－インフレ率（5％）＝0％

　この場合、実質金利は0％、つまりわれわれの生活の状態に変化はありません。

　次に、金利（名目金利）が8％、インフレ率が10％だとしたら、どうでしょうか。

　銀行に預けた100万円は1年後には108万円になります。ところが、インフレ率が10％ですから、100万円のモノは1年後には110万円に値上がりしています。

　何と、今なら買えるモノが1年後には買えなくなってしまいます！

実質金利＝名目金利（8％）－インフレ率（10％）＝－2％

　これを「**インフレリスク**」といいます。

「**インフレリスクの高い状態**」とは、**貯蓄している期間が長くなるほど、預金金利（低い）とインフレ率（高い）の差額分のマイナス（純損失）が発生するという状態です。**

　貯蓄すればするほど、自分の資産が減っていくのです。

　現在の日本では、ほぼこうした状態になっています。たとえば、インフレ率が0.4〜0.6％と見られていて、政策金利が0.5％です。

すると、実質金利は、

名目金利（0.5％）－インフレ率（0.4～0.6％）

となるので、0.1％から－0.1％の間となります。

もはやインフレリスクの高い状態といってもさしつかえないので、資産の運用を金利の低い銀行預金から、期待インフレ率0.4～0.6％を上回る利率の金融商品に切り替える必要性が生じているといえそうです。

☞インフレ率は、物価上昇率や期待インフレ率をさすこともあります。期待インフレ率とは、今後、人々が予想する物価上昇率のことをさします（Expected inflation）。

期待インフレ率には、いくつかの数値があり、長期的な数値では、日本銀行の生活意識に関するアンケート調査の9.0％。エコノミストの場合は、「10年国債利回り－各国インフレ連動債（10年物）利回り」で計算します。現在は0.4～0.6％です。この章では便宜上、インフレ率（物価上昇率）として説明します。

デフレになるとどうなるか

次に、名目金利よりもインフレ率が低いケースを見てみましょう。

金利（名目金利）が5％、インフレ率が2％だとしたらどうでしょうか。銀行に100万円を預けると1年後には105万円になり、一方インフレ率が2％ですから、100万円で買えるモノの値段は1年後には102万円に上がります。

この場合、銀行の利息の方が上回るため、今買うよりも、貯めて

おいて1年後に買った方が3万円得します。

実質金利＝名目金利（5％）－インフレ率（2％）＝3％

　このように実質金利が物価上昇率よりも高ければ、多くの人が積極的に預金するでしょう。これは、ついこの間までのデフレ状況下の日本で見られた現象です。多くの人が「物価はまだ下がる」と予想して、消費せずに預金をしていたのです。
　たとえば、多くの人が「物価がまだ下がる」と予想して、期待インフレ率が－3％として、名目金利0.5％だった場合、実質金利はどうなるでしょうか。

実質金利＝名目金利0.5％－インフレ率（－3％）＝3.5％

　マイナスとマイナスでプラスになり、実質金利は高くなります。

☞**ただし、実際にはデフレ状況下では、実質金利はこの計算のようには上昇せずに、一定のところで高止まりするといわれています。**

　これでは、お金は預金しておいた方が得です。もし、銀行ローンの残高がある場合には、早めに繰り上げてでも返済した方がよいでしょう。
　なぜなら、実質金利がプラスで高くなるほど、所得（デフレのために伸び悩んだり減少する）に比べてローン残高の重み（＝負担感）が増すからです。
　先ほどのデフレの説明のときにも出てきた「**デフレになると、預金する人が増えて、消費を控える**」というのは、このように説明で

きるのです。

とはいっても、実際には「デフレだから預金した方が得だ！　銀行へ急げ！」といって、消費を控えた人はいませんでしたが。

世の多くの人々はマスコミの「不景気だ！」という報道や、会社に行けば「注文がとれない」「今度のボーナスは出ないかもしれない」といった周囲の雰囲気から、「しばらくは万一に備えてお金を使わずに預金しておこう」と思ったにすぎません。

しかし、国民全体の間にこのような気分が蔓延すれば、消費が落ち込み、実際に景気が悪くなるのです。

景気を左右するのは、銀行、企業、家計のそれぞれの動きです。お金が流通するスピードの問題もありますが、多くの人がこれから景気は良くなると思えば、それに応じて経済活動が活発になり、景気は良くなるでしょう。

また、反対にこれから景気が悪くなると思う人の数が多ければ、経済活動は自然と落ち込み、景気は悪化していくことでしょう。

実質金利＝名目金利－インフレ率（期待インフレ率）

第3章
「お金を借りる」かしこい方法

ローン＆クレジットの巻

お金を借りる
Borrowing
「ご利用は計画的に」の「計画的」って?

金を借りに行く者は悲しみを借りに行く

アメリカにはこんなことわざがあります。

「Who goes a borrowing goes a sorrowing.（金を借りに行く者は悲しみを借りに行く」——本来、借金というものはするべきものではありませんでした。

ところが、今アメリカでは、借金をしている人がたくさんいます。

そもそもアメリカで、高校生にパーソナルファイナンスを教育する必要が痛感されたのは、1990年代に若者の間で自己破産が急増したことがきっかけでした。

破産の主な原因は、クレジットカードの使い過ぎです。借金を借金とは思わずに、気軽にクレジットカードで買い物をしたり、キャッシングをして、結果的に多額の借金を背負ってしまい、返せなくなってしまったのです。

こういった話は日本でもよく聞きますよね。

今日、消費者金融の広告は街角や電車の車内をはじめ、いろいろなところで目にします。

この章では、クレジット会社や消費者金融の広告でよく見かける「ご利用は計画的に」という文言の「計画的」とはどういうことかを考えていきたいと思っています。

まず、ある家計を見ていただきましょう。

現金が入ってくる以上に出て行けば（支出が多い）、**資金不足の家計**です。キャッシュフローがマイナスの家計になります。バランスシートでいえば右側の負債が大きなものとなります。

現金収入や金融資産を増やす、あるいは借金を返済することで、出て行くお金を入ってくるお金よりも低く抑えることができれば、キャッシュフローがプラスの家計（**資金余剰の家計**）になります。

バランスシートのバランスがいい状態です。資金が過剰（余っている）、これは財産（正式には純資産）があるということですから、家計版のバランスシートの理想的な状態です。

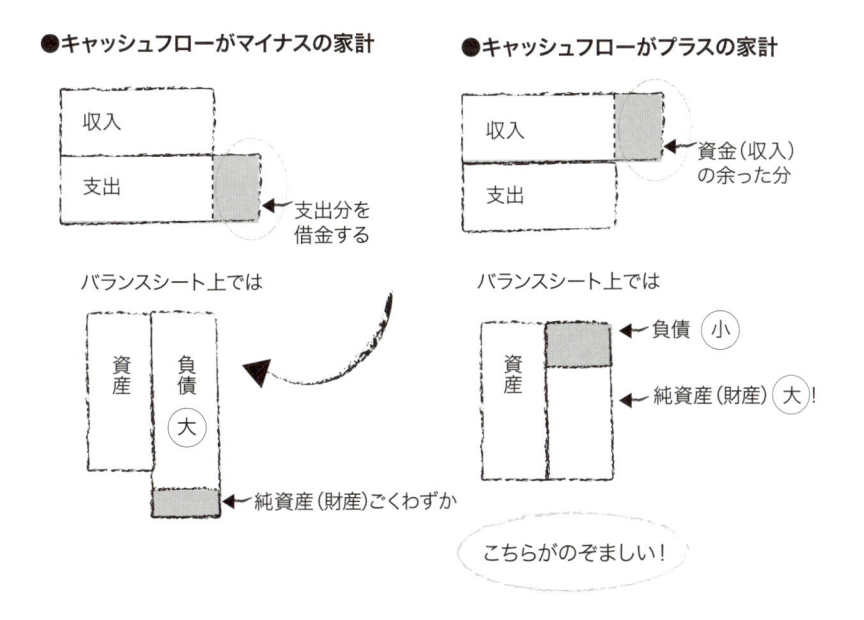

●キャッシュフローがマイナスの家計

収入／支出 ←支出分を借金する

バランスシート上では

資産｜負債（大） ←純資産(財産)ごくわずか

●キャッシュフローがプラスの家計

収入／支出 ←資金(収入)の余った分

バランスシート上では

資産｜負債（小）
　　　←純資産(財産)（大）!

こちらがのぞましい！

お金を借りる　123

常にキャッシュフローはプラスに

　また、家計のバランスシートを考えるならば、資産にならないような、ギャンブルや旅行、日々の生活費などのためにローンを組んではいけません。借金やローンを組む場合は、バランスシートの左側、資産の部に計上されるようなものでなければなりません。

　たとえば、不動産（土地、建物）は価値がなかなか下がらないものです。また、教育ローンなどは将来への投資という「良い借金」ですから、組んでもかまいません。

　ただし、「ローンを組むのは資産価値があるものだけ」といっても、やみくもに不動産や自動車を買えばいいというわけでもありません。

　不動産や自動車を買って、キャッシュフローがマイナス（日常生活を送るための現金が不足した状態）になっていては元も子もありません。これでは、結局生活するために、さらに借金をすることになります。

　つまり、「ご利用は計画的に」とは、「あなたの家計のバランスシートのバランスを上手にとって！」とか「キャッシュフローは常にプラスに！」という意味なのです。

キャッシュフローがマイナスの家計（資金不足の家計）…×
　現金が入ってくる以上に出て行く額が多い

キャッシュフローがプラスの家計（資金余剰の家計）…○
　出て行くお金を、入ってくるお金よりも低く抑える

返済方法
Repayment
利息はどれだけ膨らむか

複利のマジックが敵になったら……

　先ほど紹介したアメリカのことわざ「金を借りに行く者は悲しみを借りに行く」とは、どんな意味なのでしょうか。借金をしても、目先の苦しい生活が楽になるのだったら、むしろうれしいことではないのでしょうか。

　というのは、**預金のときに私たちの味方をしてくれていた複利のマジックは、借金になると一転して敵に変わるからです。**

　つまり、複利のマジックが、自分ではなく、貸し手に有利に働いてしまうのです。貸し手のクレジット会社や消費者金融会社に支払う利息がどんどん膨らむのです。

　たとえば、住宅ローンでも利息が膨らんでいるということをご存じでしょうか。

　実は住宅ローンは、夢のマイホームを気軽に購入できるようにしてくれる、私たちの味方というわけではないのです。

　たとえば、3000万円を30年間で返済する住宅ローンを組んだとします（金利3％、ボーナス返済なしとします）。30年後、ローンを払

い終わってから改めて計算してみると、トータルで約4300万円も支払っていたことに気が付くはずです。

何と、1300万円も余分に支払ったのです。

この1300万円は金融機関に支払う利息です。

住宅ローンを組めるのは、金融機関の審査をクリアした一定程度の定期収入がある人（信用の高い人）です。金融機関にとっては長期間にわたって利息を含めたお金を支払ってくれる、ありがたい顧客なのです。

また、借り手の身に何かあってローンを返せなくなれば、銀行は住宅を売って現金化して、回収することだってできます。**住宅ローンは、銀行にとってリスクの低いビジネスなのです。**

「元利均等型」と「元金均等型」

住宅ローンの返済総額は、返済方法によって変わってきます。たとえば、同じ3000万円の住宅ローンでも、返済総額が約4300万円になるケースと、約4500万円になるケースがあるのです。

返済方法には、「**元利均等型**」と「**元金均等型**」の2種類があります。

元利均等型とは、毎月の返済額を重視した支払い方法です。返済額が毎月一定額です。元金と利息を合計した一定額を、あらかじめ決めた一定の期間（回数）で返済していくのです。

元金均等型とは、元金の返済に重点を置いた返済方法です。元金を返済回数で割った金額に毎回の発生利息を加えた額を返済します。利息額は各月の元金残高を基に計算します。

一般的には、元金均等型は当初の返済額が利息分だけ高くなってしまうために、返済計画が立てやすい元利均等型の方を選択するこ

とが多いようです。

　先ほどの3000万円の住宅ローンの返済総額でいえば、約4300万円を払うケースは元金均等型です。約4500万円を払うケースが元利均等型です。元利均等型では、毎月元金に充当する額は最初は少なく

元利均等型

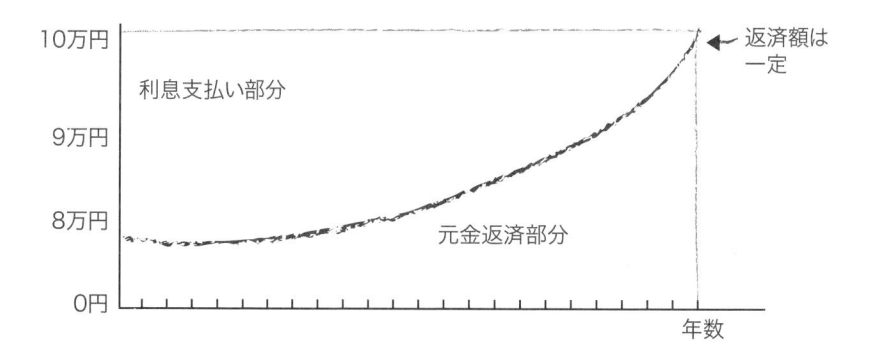

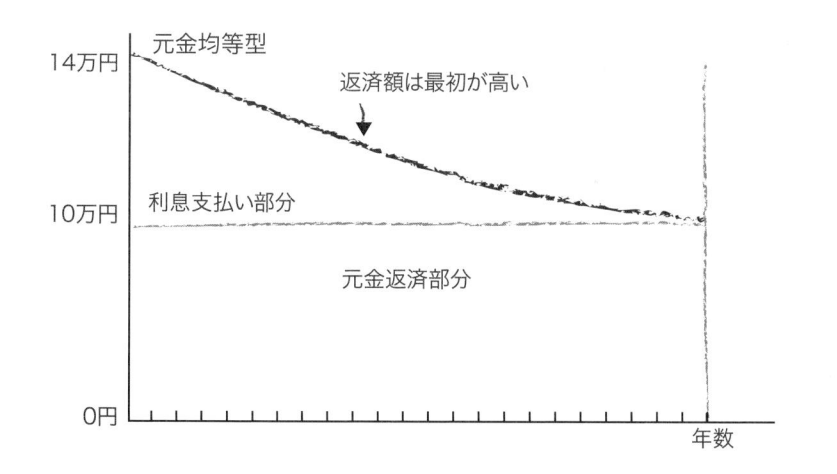

- 縦軸: 0円, 8万円, 9万円, 10万円
- 横軸: 年数
- 利息支払い部分
- 元金返済部分
- 返済額は一定

元金均等型

- 縦軸: 0円, 10万円, 14万円
- 横軸: 年数
- 返済額は最初が高い
- 利息支払い部分
- 元金返済部分

徐々に増やしていくので、元金部分の返済ペースが遅くなり、結果的に返済総額が増えてしまうのです。

☞ **元金均等型の1回目の支払額は15万8333円。元利金等型は12万6481円といった差が出ます。なお、元金均等型と元利均等型との差はこの場合、最終的には199.3万円となります。**

　元金部分が多く残っていればいるほど、多くの利息を支払う必要があるのです。このため、元利金等型を選択しつつ、お金に余裕ができたときに元金部分を前倒しして支払う繰り上げ返済が推奨されています。
　とはいえ、いくら繰り上げ返済をした方がいいといっても、払い過ぎてしまうのも危険です！
　その日以降の、自由になる現金をどんどん返済に回してしまったら、今度は生活費が足りなくなり、日常生活に支障をきたします。そのため、クレジット会社のローンを一時的に利用するなどということになってしまったら、元も子もありません。
　クレジット会社のローンの場合は、あらかじめ決めた一定の期間（回数）で返済していく元利均等型ということになります。
　こちらも返済期間を延ばせば延ばすほど、支払う利息が多くなります。早めに元金を返済した方がいいでしょう。
　また、クレジットカードなどでは、最近では元利均等型、元金均等型のほかに、「**リボルビング払い（リボ払い）**」という返済方法もあります。
　リボ払いは返済額が一定であることが特徴です。たとえば、「月々の返済は1万円ポッキリの固定で便利」というのが売り文句です。その月の借金をまとめて、支払い月以降、決まった額を毎月返済し

ていけばいいのです。定額のほかに定率方式もあります。

　返済限度額も通常のローンに比べると比較的低めに設定されるので、良心的かと思われるかもしれませんが、実はいちばん気を付けたい返済方法がリボ払いなのです。

　リボ払いだと、毎月の返済額が低くてすみますが、返済額が低いほど元金が延々と残ってしまうのです。つまり、返済期間が長いほど利息が膨らむため、支払い総額が増えるわけです。

　しかも、その利息も年利15％と、消費者金融並みの高さです。リボ払いは、借りる側に親切なのではなくて、貸す側が得になるサービスなのです。

ライフプラン
Life planning
家計は2度破産する！

一般家庭のバランスシート

　借金はしない方がいい、倹約を最優先に——わかっていても、借金が必要になる時期があります。
　日本のほとんどの一般家庭は、計算上では、少なくとも2回は破産の危機に見舞われる時期があります。
　その2回とは、住宅購入と子どもの教育費です。一般的な方なら、住宅の購入は30代で、子どもの教育費は40代で直面する問題です。
　ここで、ある平均的なサラリーマン男性のバランスシートを見てみましょう。彼は30代前半で、最近結婚したばかりです。
　結婚式や新婚旅行のおかげで預金はかなり減ってしまいました。彼が勤める会社は年俸制で、毎年600万円をもらっています（12ヵ月で割るので毎月50万円の収入）。ある月のバランスシートは次ページの通りです。

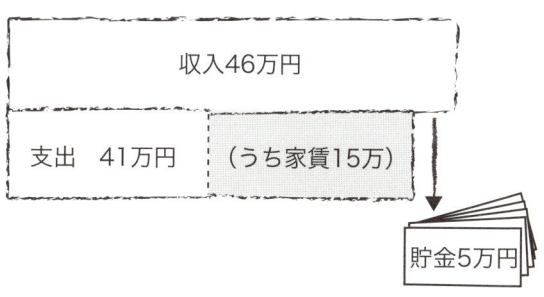

```
┌─────────────────────────┐
│      収入46万円          │
├──────────┬──────────────┤
│ 支出 41万円│(うち家賃15万) │↓
└──────────┴──────────────┘
                        貯金5万円
```

ある月のバランスシート

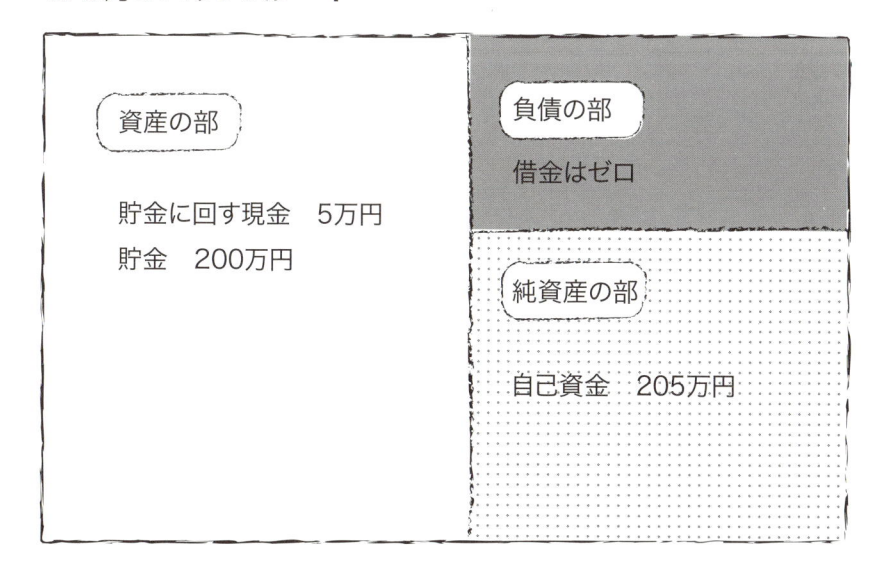

資産の部	負債の部
貯金に回す現金　5万円 貯金　200万円	借金はゼロ
	純資産の部
	自己資金　205万円

　ここでは、「現金（給料）」は所得税や社会保険料が引かれた手取り額として46万円としてみました。毎月5万円を自動引き落としにしているので、預金が毎月5万円ずつ増えています。奥さんは働いていますが、少額の収入がある程度です。

　彼の資産から、借金（負債）を引いたものが、「**純資産（Net worth）**」です。負債と違い、返済しなくてもいいお金です。

☞**資産には、お金や株券といった「流動資産」のほかに、土地や建**

物のような「固定資産」があります。また、「特許」など知的財産権も資産（無形固定資産）になります。

　5年後には元金だけで300万円が貯まりました。会社は不況の波をもろに受けたため、その間に昇給はしませんでした。

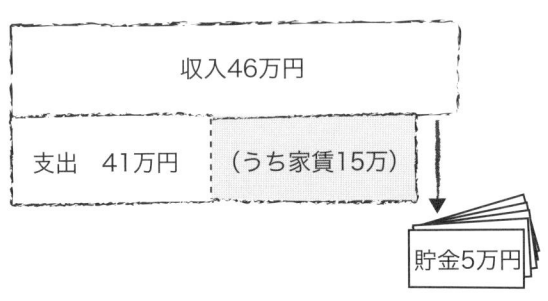

```
┌─────────────────────────────────┐
│          収入46万円              │
├──────────────┬──────────────────┤
│  支出 41万円  │ （うち家賃15万）  │
└──────────────┴──────────────────┘
                        ↓
                   貯金5万円
```

● 5年後のバランスシート

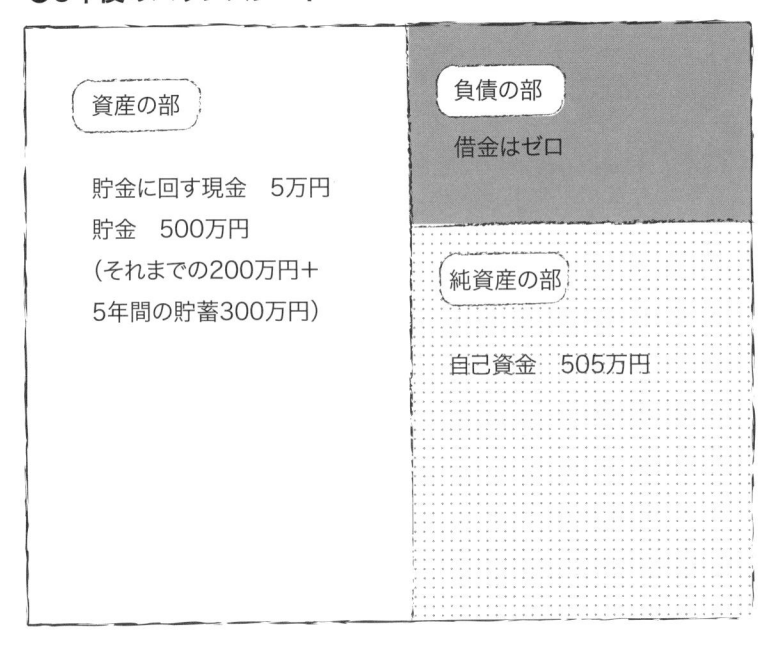

資産の部	負債の部
貯金に回す現金　5万円 貯金　500万円 （それまでの200万円＋ 5年間の貯蓄300万円）	借金はゼロ
	純資産の部
	自己資金　505万円

4000万円のマンションをローンで購入

　だいぶお金が貯まってきたので、高層のタワーマンション（4000万円）を購入しようという話になってきました。

　というのも、5年の間に子どもが生まれて、今奥さんが2人目を妊娠中だからです。

　銀行の住宅ローンは、購入価格の8割程度の融資をしてくれるのが一般的です。なので、3200万円程度の融資がありそうです。

　800万円を自分で用意することになります。そのうち500万円を預金からあてて、それでも足りない分と100万円程度かかる諸経費は親に出してもらうことにしました。

　返済期間は30年、月々の返済額に波がないように元利均等型です。毎月の返済額は約15万円。これまでの家賃が15万円なので、そう変わりません。生活のレベルを落とさずにすみそうです。

　住宅ローンの金利には「固定金利」と「変動金利」の2種類があります。

　固定金利は、一定の金利が全返済期間の間、適用されます。 クレジット会社などの金利と同じイメージです。最初に決めた金利（変動金利と比べると少々高めですが）で、その後は変わりません。今後、政策金利が上がっていく（世の中の金利全体が上がる）と予想される時期に向いています。ただし、政策金利が下がったときには金利を余分に払ってしまうことになります。

　変動金利では、政策金利や市場動向に合わせて金利が変動します。

　たとえば、政策金利が上がれば、それに合わせて上がります。

　返済当初の政策金利が低ければ、固定金利と比べて、低い金利ですみます。

　また、最初のうちは借りやすいように、金融機関はさらにサービ

ライフプラン

スでより低い金利に設定していることが多いのです。

　ところが、政策金利が上がると、毎月の返済金額は思わぬ上昇をします。

　これは、アメリカのサブプライムローン問題の一因です。サブプライムローンの契約者の多くが変動金利を選んでいました。

　はじめの2年間ほどの住宅ローンの低金利サービス期間が終わり変動金利に変わるときに、アメリカの中央銀行の最高意思決定機関である連邦準備制度理事会（FRB）が政策金利を段階的に引き上げていました。このため一気に金利が上がり、住宅ローンを返済できなくなってしまった人が続出したのです（この問題の核心は、政策金利が引き上げられたことではなく、返済能力のない人にまで住宅ローンを組ませるバブル状態だったということです）。

　では、住宅ローンを組んだときのバランスシートはどうなるでしょう。彼は今後、金利が上昇していくと予想し、固定金利を選びました。

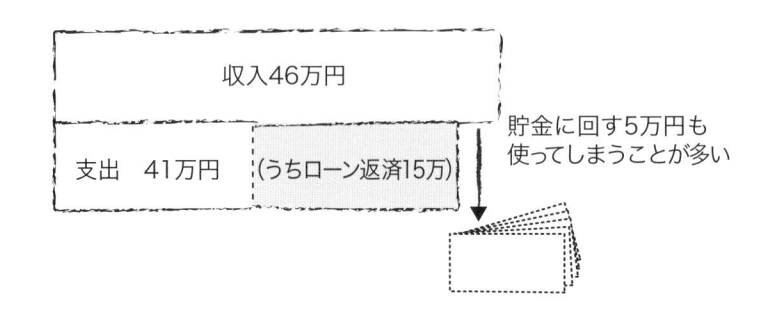

```
┌─────────────────────────┐
│      収入46万円          │
├──────────┬──────────────┤
│ 支出 41万円 │(うちローン返済15万)│   貯金に回す5万円も
└──────────┴──────────────┘   使ってしまうことが多い
```

高層マンション購入後のバランスシート

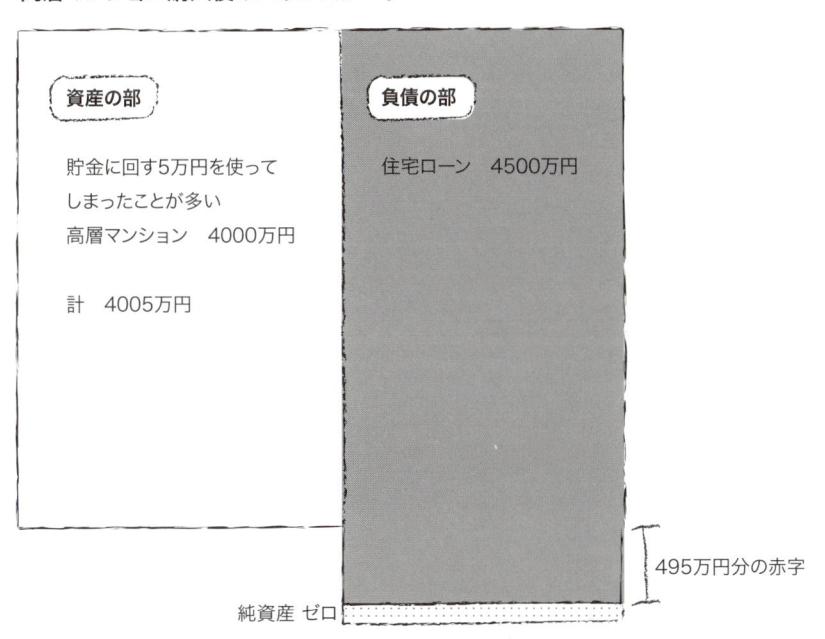

資産の部
貯金に回す5万円を使ってしまったことが多い
高層マンション　4000万円

計　4005万円

負債の部
住宅ローン　4500万円

495万円分の赤字

純資産 ゼロ

　住宅ローンは借金した額ではなく、返済する総額を入れています。負債が大きく膨らみ、**ここですでに赤字になっています。1度目の破産**です。しかし、住宅ローンなので、毎月きちんと返済している限りは、「耳をそろえて払え！」とはいわれないので、安心です。

　ただ、それも順調に返済していれば、の話です。奥さんは子どもの面倒をみるので、働けません。彼の給料に家計のすべてがかかっています。

子どもの教育ローンを組む

　さて、あっという間に10年がたち、彼は40代中盤に。子どもたちが中学、高校に進学するための学費をまかなうために、教育ローンを組む時期になってしまいました。
　この時期のバランスシートです。

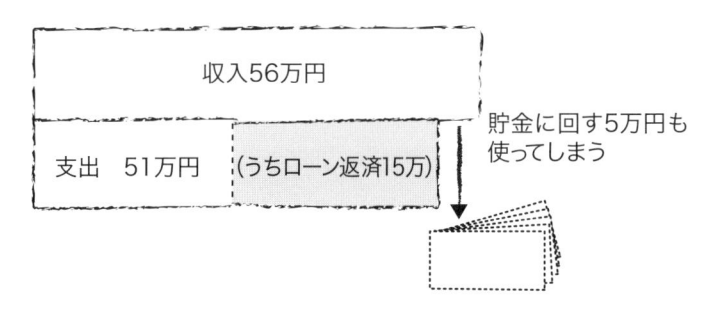

```
収入56万円
支出　51万円　(うちローン返済15万)
```
貯金に回す5万円も使ってしまう

●40代中盤のバランスシート

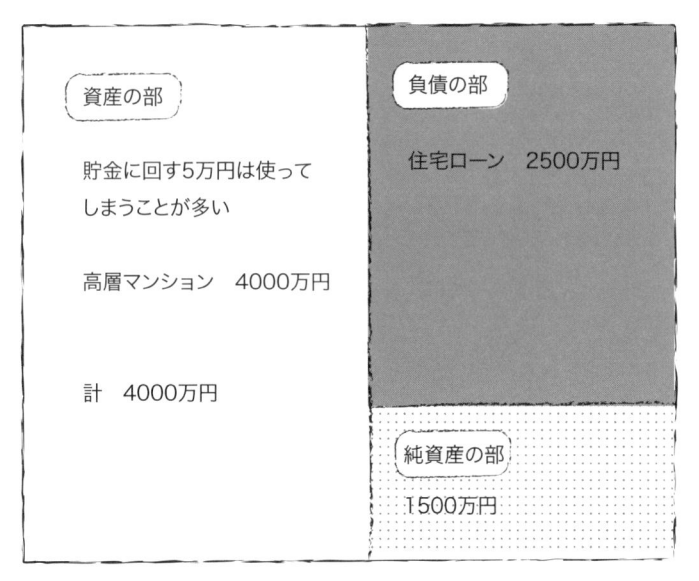

資産の部	負債の部
貯金に回す5万円は使ってしまうことが多い	住宅ローン　2500万円
高層マンション　4000万円	
計　4000万円	純資産の部 1500万円

年俸がアップし、毎月の手取りが10万円増えました。しかし、教育費に消えていくので、基本的な家計のバランスは変わりません。

　住宅ローンが着実に減っているのが唯一の救いです。ただ、日本の建物は年を経るごとに資産価値が下がります。購入価格は4000万円でしょうが、10年もたてば、住宅ローンの残債と変わらない程度になっていてもおかしくありません（そのマンションの場所やメインテナンスの状況にもよりますが）。

　これを、現実的なバランスシートにするとこうなります。
「資産の部」の高層マンションと住宅ローンを同額の2500万円にしました。すると、潤沢にあった純資産がごくわずかになってしまいました。

●40代中盤の現実的なバランスシート

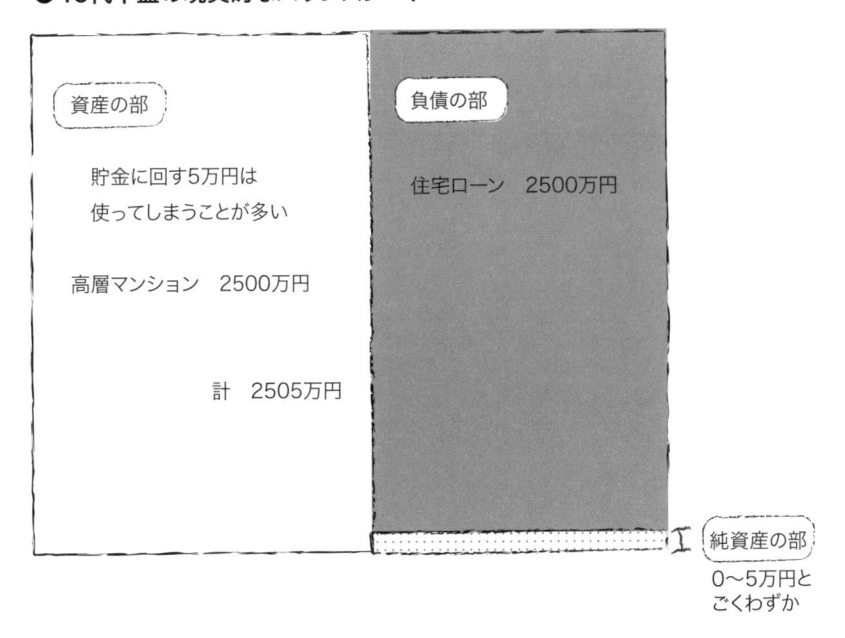

資産の部	負債の部
貯金に回す5万円は使ってしまうことが多い	住宅ローン　2500万円
高層マンション　2500万円	
計　2505万円	

純資産の部
0〜5万円とごくわずか

ライフプラン　137

ここで、上の子どもが私立高校に進学することになりました。

私立高校の年間の学費は総額120万円です。教育ローンで返済していくことになりました。

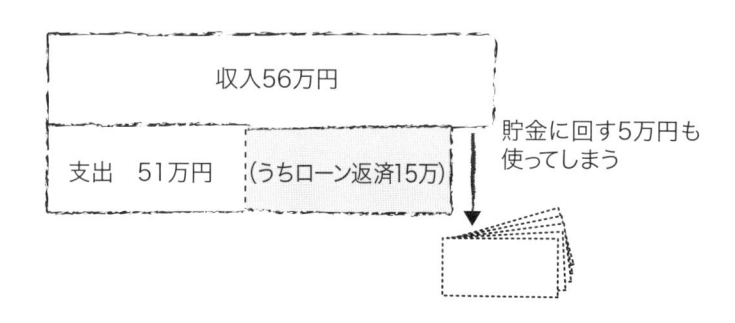

```
収入56万円
支出　51万円　(うちローン返済15万)
```

貯金に回す5万円も使ってしまう

教育ローンを組んだバランスシート

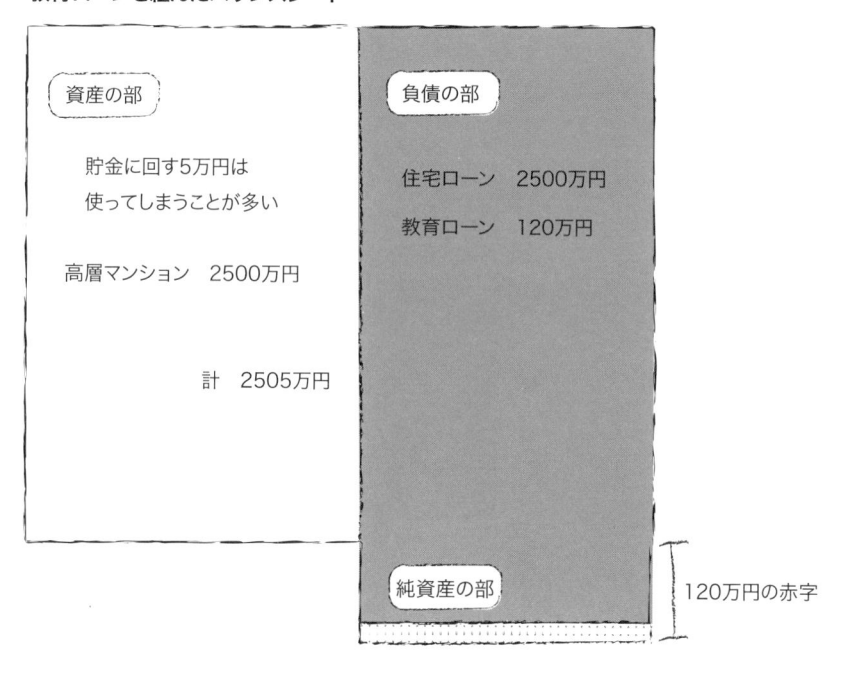

資産の部

　貯金に回す5万円は
　使ってしまうことが多い

　高層マンション　2500万円

　　　　計　2505万円

負債の部

　住宅ローン　2500万円

　教育ローン　120万円

純資産の部

120万円の赤字

また赤字になっています。負債が大きく膨らんでいます。2度目の破産です。しかも、この先上の子どもの大学の入学金、2番目の子どもの高校の学費、大学の学費と出費が続いていくのです。

　2人の子どもが就職したころに、やっと教育への出費がなくなります。

　が、これで終わりではありません。今度は自分たちの老後を考える必要があるのです。

　皆さん、ウンザリしたかもしれませんが、これでもかなり楽観的なシミュレーションです。何しろ金利の変動を受けていませんし、彼も何とか昇給していっています。しかも、都市部の高層マンションに住んでいるので、自動車を買っていないのです。

　もし、自動車を買ってカーローンを組んだり、海外旅行へ行ったりなどと、さまざまな出費をしていたらどうでしょうか。

　住宅ローンと教育ローンは家計の主要な借り入れとあって、金利

は比較的良心的ですが、このほかにクレジット会社のローンや銀行のカードローンなどを組んでいたら、これ以上に何度も破産をきたすことになります。

ノンバンク

Non-bank

あなたの利息が
会社の利益になる

あなたがクレジット会社の社員だったら……

　クレジット会社や消費者金融会社は、どうやって利益を出しているのでしょうか。ここはひとつ相手の立場に立って考えてみましょう。

　もし、あなたがクレジット会社の社員だとして、次のような人が融資の申し込みにきたとします。どう対応しますか。

■Zさん

　55歳。最近会社をリストラされ、現在求職中。会社が傾いてから妻とは別居中。何か自営業をはじめたいが、これといって手に職があるわけでもない。当座の生活費を工面するためにカードを作りたい。

■Yさん

　18歳の会社員。高校を卒業後、就職が決まったので、会社近くに独り暮らしをしようと計画中。大のスポーツ好きで、引っ越した

らアパートに38インチの大型テレビを買いたいので、カードを作りたい。

　2人とも、いろいろとお金が必要で、どんどんクレジットカードを使ってくれるでしょう。まさに、クレジット会社としては理想的なお客さんです。
　しかし、残念なことに、Zさんのような人にはカードを発行することはできません。
　信用がないと判断（審査）されるのです。なぜなら、現在無収入で、年齢的にも再就職は難しそうだからです。もし、あなたが、Zさんの境遇に同情してカードを発行しようなどと考えたら、あなたは上司に呼び出されて注意されるでしょう。返せる見込みがない人に貸して、本当に返してもらえなかったら、会社は大損ですから。
　今のクレジット会社の収益は、借りた人の高い返済利率がもとになっています。

一方、Yさんには比較的簡単にカードを発行できるでしょう。まだ若いので限度額はそれほど高くはないでしょうが。
　会社としては月々の返済が滞りそうもなく、定期収入のある人にクレジットカードをもってほしいと考えます。さらに、若い勤め人ならば、将来にわたってどんどんお金を借りて、そのたびに返してくれる可能性が高い。長期的な視点からも大歓迎です。会社に利益をもたらしてくれるでしょう。

返せる人にしか貸さない理由

　なぜ、クレジット会社はお客の返済能力をここまで審査するのでしょうか。もちろん、返済されなければ自分たちの利益がゼロになる、ということもありますが、実はこうした**クレジット会社自身も、民間銀行やスポンサー企業などからお金（事業資金）を借りていて、それを返済する必要があるからです。もちろん、返済するときには、利息を付けなければなりません。**
　貸し手の銀行やスポンサー企業に「近ごろ、お金が返せないお客さんが多くて、あまり回収できていないんですよね。残念ながら、今月はお金をお返しできません。本当に困っちゃいますね」などといっていたら、そのクレジット会社の信用はガタ落ちです。
　このクレジット会社が倒産すれば、あなたも失業者です。
　そうなっては困りますから、確実に返せる人だけにお金を貸したいと思うのです。
　ここでのポイントは、**クレジット会社は銀行やスポンサー企業から借りたお金を、消費者にまた貸しして、その返済利息で自らも収益を上げようとしているのです。**

政策金利＋民間銀行の金利＋クレジット会社の金利

　このように考えてみれば、民間銀行よりもクレジット会社の金利が高いのも当たり前ですね。

　そもそも、銀行がもっと簡単にお金を貸してくれたら、とても便利だと思いませんか。銀行ならば、クレジット会社や消費者金融会社に融資するのと同様の低い金利で貸すことができるはずです。

　なぜ、お金を貸してくれないのでしょうか。

　それは、銀行の融資審査のハードルが高いからです。銀行の融資は、一般に使用目的に制限がある上に、その通りに使ったかどうかの（見積り書や領収書を見せて）証明をしなくてはならないのです。また、相手の信用次第で金利も大きく変わりますし、場合によってはお金を借りることを許されない人もいます。

☞**信用や担保のわかりやすい例としては、第2章でも紹介した3Cといわれる基準です（101ページ参照）。3Cとは、借り手に約束にしたがって返済する意志（Character）があるか、返済能力（Capacity）があるか、あるいは担保（Collateral）があるかの3つの基準です。アメリカのローン担当者は、この3つを見て取引の是非を判断（審査）するといわれます。**

　貸し手（金融機関）と借り手（消費者）の関係を図にすると次のようになります。

```
貸し手（金融機関）
    ↓
利率の内訳
 ・金融機関の利益
 ・インフレリスク
 ・借り手が返済不能になるかもしれないリスクの見返り
 （借り手の信用）
    ↓
借り手（消費者）
```

　利率には金融機関の利益が上乗せされています。慈善事業でやっているのではない企業なのだから当然ですね。

　また、お金を貸している間にインフレが起きて、お金の価値が減っていく可能性もあります。そこでインフレリスクも利率に加味されます。

　さらに、借り手が返せなくなった場合のリスクにも備えておく必要があります。このリスクは、先ほどの信用と言い換えることができます。

　この審査のハードルが高いのが銀行です。

　銀行（民間銀行）は、中央銀行（日本では日本銀行）からお金を借りて、それを個人や企業に融資して、利益を得ています。中央銀行の監督下にあるのです。 そうした銀行が「貸したお金が返ってきませんでした」なんてことをしたら、面目が丸つぶれです。

　回収率が低いと、中央銀行から銀行失格の烙印を押されるかもしれません。

だから、銀行は融資には厳しいハードルを設けているのです。

銀行金利の利率の内訳

貸し手（金融機関）
　↓
利率の内訳
・金融機関の利益
・インフレリスク
・借り手が返済不能になるかもしれないリスクの見返り
（借り手の信用）
　↓
借り手（消費者）

クレジット会社や消費者金融会社の内訳

借り手（信用があまり高くない）が返済不能に陥るリスクが怖い！

貸し手（クレジット会社、消費者金融会社）
　↓
利率の内訳
・クレジット会社・消費者金融会社の利益
・借り手が返済不能になるかもしれないリスクの見返り（大）
・インフレリスク
　↓
借り手（消費者）

```
個 人 信 用 情 報 機 関
Unbanked households
自 由 の 国 ア メ リ カ の 現 実
```

個人の「信用」はランク分けされている

　まだ、皆さんは「信用」という言葉がぴんとこないかもしれませんね。そこで、アメリカにおける「信用」を紹介しましょう。

　アメリカの社会では、あなたの「信用」に関する個人情報は、民間の個人信用情報機関で管理、ランク分けされるのです。

　たとえば、こんなランクです。

プライム……長期間にわたり汚点のないクレジット情報（信用履歴）をもち、18カ月以上定職に就いている。不動産を所有している。
ニアプライム……過去のクレジット情報に汚点はあるものの、定職に就いており、不動産を所有している。あるいは、賃貸の場合でも長期間にわたって住んでいる。
ノンプライム……クレジット情報に問題あるが、定職に就いている。賃貸住宅に住んでいる。
サブプライム……クレジット情報に問題がある。また、職業が安定せず、賃貸住宅に住み、住所を転々とする。

これはカーローンの信用リスクによる顧客のランク分けです。

信用リスクによって金利が変わってきます。1つの商品に対し、顧客ごとのリスクは変わってくるので、異なる金利が採用されます。

プライム層に対するカーローンの金利は2〜4％ですが、サブプライム層に対しては18〜24％と一気に高くなります。

また、クレジットカードの場合はプライム層の上位にスーパープライム層があります。つまり、超優良顧客です。

クレジットカードのリボ払いでも、スーパープライム層は8％を下回る金利になる場合がありますが、サブプライム層の金利は20％以上になります。

こうしたシステムを「クレジット・ビューローシステム」といいます。現在、大手の個人信用情報機関は3つあり、それぞれ前身は興信所でした。必要とあれば、かなり突っ込んだ信用調査もします。

アメリカでは、民間主導で返済に関する情報だけでなく、顧客にとってプラスの情報やマイナスの情報など、幅広い情報を業界横断的に収集しています。ときには作成したリストを第三者に提供することもあります。

金融機関にとっては、借り手のリスクを自力で判断する必要がなく、個人信用情報機関の「信用」情報から判断できるため、経費や手間がかからずにすむというメリットがあります。

しかし、いったん記録された情報は、内容が間違っていても訂正・削除を求めない限りそのまま記録されるため、自分が気が付かないうちに低いランクにされているおそれがあることも否定できません。

銀行を使わずに生活する人たち

小切手社会のアメリカでは、個人信用情報機関に信用情報がない

と、日常生活を送るのに非常に苦労します。給料や老後の年金など、さまざまな支払いを小切手でもらうことが多いからです。

信用情報のない移民や学生は、小切手を現金化する最も一般的な方法である銀行の当座預金を使うことさえもできません。

こうした当座預金口座をもたない人々は、通常利用される銀行システムの外で金融取引を行うことになるのです。アメリカでは、当座預金口座をもたない人々が、低所得者層や高齢者を中心に約28％いるといわれています。

そうした人々が使うのは、本書の冒頭でも紹介した次のようなサービスです。

・**通貨交換所（currency exchange）** ……100ドルごとに15〜30ドルの手数料がかかる。

・**ペイデー・ローン（短期の貸し手　Short-term lenders）** ……2週間のローンの場合、100ドル借りるごとに平均15ドルの手数料がかかる。代表的なものは、金額は100〜500ドル、返済期限は2週間、金利は年利換算で400％にまで達する。

・**所有目的のレンタル店（Rent-to-own stores）** ……毎週一定のレンタル料を払い続けると、一定期間後にはその商品を所有できる。普通に購入するのに比べて、2〜5倍の費用がかかる。その金利は、通常100％を超え、ときには300％を超えるケースもある。

ただし、お金を貸す側も競争社会です。スーパープライム層やプライム層にはすでに大手金融機関ががっちりと食い込んでいますから、新規参入する住宅金融専門会社（クレジット会社）などは、信用力の低いノンプライム層やサブプライム層を主要な顧客にしようと考えます。住宅ローンなどがまさにそうです。

個人信用情報機関

サブプライムローン問題はなぜ起きたのか？

　21世紀に入ったアメリカでは住宅バブルで、不動産の価値が上がっていました。住宅の価値が上がっているので、借り手さえあれば、住宅ローンをメインの事業にしている住宅金融専門会社はどんどん貸しました。もちろん、サブプライム層に貸すときは、10％以上の高金利です。

　住宅ローンを提供した住宅金融専門会社は、この住宅ローンのもととなる資金を募集する必要があります。

お金の貸し手募集→住宅金融専門会社→サブプライムの人々

　リターンが大きかったため、世界中の金融機関が興味を示しました。

　このため、多くのお金が集まりました。

　そして莫大な元手を得た住宅金融専門会社は、従来であれば住宅ローンを融資しなかったサブプライム層にまでどんどん貸しはじめたのです。

☞**また、アメリカの住宅バブルを大きく膨らませたのは「ホームエクイティローン」という金融ローンです。これは住宅の市場価格から、住宅ローンの未返済残高を差し引いた「純資産」価値分をさらに融資するというローンシステムです。**

　つまり、ローンを組んで家を買っても、今度はその家を担保に入れてさらにローンを借りることができるのです。不動産の価格が高ければ高いほど、どんどんお金を借りることができて、次の不動産

に投資できるのです。

こうしたホームエクイティローンもあって、バブルがバブルを呼びました。

しかし、あるとき金利が上がり、不動産価格の上昇も止まってしまいました。すると、変動金利で借りている人々の返済額も上がります。

サブプライム層は、そもそも「クレジット情報に問題がある。また、職業が安定せず、賃貸住宅に住み、住所を転々とする」人々です。不景気になったら、その影響を一番最初に受けてリストラされてしまうような立場の人々です。彼らの多くは、すぐに住宅ローンを支払うことができなくなりました。

実は、住宅ローンを提供した住宅金融専門会社は、サブプライム層の返済をあてにし、リスクを最小限に抑えたはずの各種の金融商品を作って、資金を集めていました。

そこにかかわったのが、投資銀行や連邦住宅抵当公社(ファニーメイ)や連邦住宅貸付抵当公社(フレディマック)です。

投資銀行や連邦住宅貸付抵当公社など→住宅金融専門会社→サブプライムの人々

連邦住宅貸付抵当公社は民間の会社ですが、米国政府の大々的なサポートを受けていました。そこで、お金を融資してくれる金融機関が世界中にあったのです。

住宅バブルだったので、高い利息とともに出資したお金が戻ってくるはずでした。

世界の金融機関→投資銀行や連邦住宅貸付抵当公社など→住宅金

融専門会社→サブプライムの人々

　本来ならば、次のような流れでお金が戻っていくはずでした。高い利息とともに……。

世界の金融機関←投資銀行や連邦住宅貸付抵当公社など←住宅金融専門会社←サブプライムの人々

　しかし、不動産バブルがはじけてしまい、返済が滞りはじめます。やがて「そんなもん、払えるか！」とサブプライム層の人々は怒り出して、住宅金融専門会社の多くが倒産することになりました。世界の金融機関は「貸したお金が戻ってこない可能性が高い！」と困りました。これがサブプライムローン問題です。

　また、住宅金融専門会社と世界の金融機関との間に立っていた連邦住宅貸付抵当公社なども信用がガタ落ちしてしまいました。民間企業であれば、いつ破産してもおかしくはありません。もはや、アメリカ政府の保証があるのかないのかが問題になってきました。

　そこで、アメリカ財務省とFRB（The Federal Reserve Board：連邦準備制度理事会）は大規模な支援策を発表しました。2008年は破たんに陥りそうな金融システムの危機を回避する1年だったのです。

第4章
「お金を増やす」かしこい方法

投資の巻

投資
Investing
投資と投機の違いとは

おいしい話にはワナがある！

「和牛のオーナーになれば元本保証に年利7％、おまけに定期的にお肉をプレゼントします！」
「当社で保有する金地金に投資すれば年利10〜15％は確実です！」
「エビの養殖に投資すれば1年で元金が2倍になります！」

　これらのうち投資はどれでしょうか。投資とは、資産を増やすことを目的として個人や企業が金融商品を購入することです。

　和牛のオーナーは年利7％。金地金投資は年利10〜15％。エビの養殖は1年で2倍ですから年利100％。

　現在、銀行にお金を預けても金利が0.2％です。それに比べれば、どれも魅力的です。迷ってしまいますよね。

　しかし、正解はどれも投資ではありません。単なる金融詐欺です。本書の冒頭で紹介した、72のルール（プリンシプル）、114のルール、144のルールをそれぞれに当てはめてみれば一目瞭然です。

☞72のルール（プリンシプル）、114のルール、144のルールとは、これらの数字を金利（複利）で割ると、元金がそれぞれ2倍、3倍、4倍になるまでのおおよその年数が出るという公式です（20ページ参照）。

　和牛のオーナーは年利7％ですから約10年で2倍（72÷7＝10.28……）、金地金投資は年利10〜15％ですから約7〜11年で3〜4倍（114÷10＝11.4、144÷15＝9.6）。エビの養殖にいたっては「1年で2倍」といい切っていますから、計算する必要はありません。
　こんな高い利率を保証できる資金の運用を、これらの投資会社はどうやって行うのでしょうか。こんな運用が実際に可能であれば、多くの金融機関がわれ先にと投資しているに違いありません。しかし、どの金融機関も投資していません。

なぜなら、どれも違法だからです。

このような金融詐欺は時おり登場し、マスコミを賑わせます。

和牛のオーナーやエビの養殖は元本保証と高額配当（年利7％、1年で2倍）をうたい、「**出資法違反**」で摘発されています。もちろん、出資したお金は戻ってきません。そもそもあり得ない話なわけですから。

また、金地金で年利10〜15％というのは、1980年代に社会問題となった豊田商事事件の手口と同じです。

銀行を見てください。利率は最高でも外貨定期預金の1.6％程度。それを超える金融商品については元本保証をしません。

銀行ですらそんな調子だというのに、そのへんの単なる投資会社が高利率の金融商品の元本保証ができるなどということが本当にあるでしょうか。**あるとすれば、「元本保証で返してほしい！」という顧客には、新規に獲得した顧客が払った出資金を元本保証に流用するといった、自転車操業のようなシステムでしょう。**

この手の金融詐欺事件は、たいていお金が集まっているうちは配当金を支払うことができ、急拡大をしますが、やがて元本保証ができなくなって、出資者たちが騒ぎ出すことによって社会問題化し、最後は当局に摘発されて終わります。

「流動性」「リターン」「リスク」

そもそも**投資とは、「流動性」「リターン（収益）」「リスク（損失の危険）」という観点から比較可能な金融商品に、自分の資産（お金）を投じることです。**

流動性とは、わかりやすくいえば、**「すぐに現金化できる」**ということです。たとえば、「投資したものの先行きがどうもあぶない！」

と思ったときに、その投資を中止して、購入した金融商品をすぐに換金できるかどうかということです。

リターンとは、投資をしたときにどれくらいの確率で、どれくらいの利益が出るのかという収益のことです。言い換えれば、取引費用（コスト）を除いた実質利回りですね。

　一般の投資家は、利率の高い運用先を探しています。銀行預金の利率よりも高い利率の株や債券があれば、そちらに投資をするでしょう。利率が高ければ、銀行預金に比べて、数年後には大きな差が付きますから。

　ただし、リターンが高くなればなるほど、リスクも高まります。**リスク、すなわちどれくらいの損失（元本割れや値下がり）がどれくらいの確率で生じるのか**ということですね。言い換えれば、元本と利回りの安全性が、どれだけ損なわれるかということです。

　たとえば、3億円という大きなリターンがあるといっても、得られる確率は1000万分の1といった宝くじレベルであれば、普通預金にして最大年利1.6％で運用した方が、あまり利益は出ないものの元本は減らないわけですから、ずっと確実ですよね。

　最も代表的なリスクは、第3章でも説明した「インフレリスク」です。**インフレリスクとは、インフレ率（物価上昇率）が金利を上回るおそれがあるということ**でしたね。そうなると、金利分のお金は増えたので一見収益が上がったように見えるものの、実際にはインフレに収益をそっくり食われてしまっています。

　インフレリスクはすべての投資に共通するリスクです。

　もしかしたら、手痛い損失になるかもしれません。投資の世界では「あのときに株を買わずに銀行に預金したままにしておけばよかった！」なんてこともよくあります。

　株や債券に投資するということは、いってみれば、その企業にお

投資

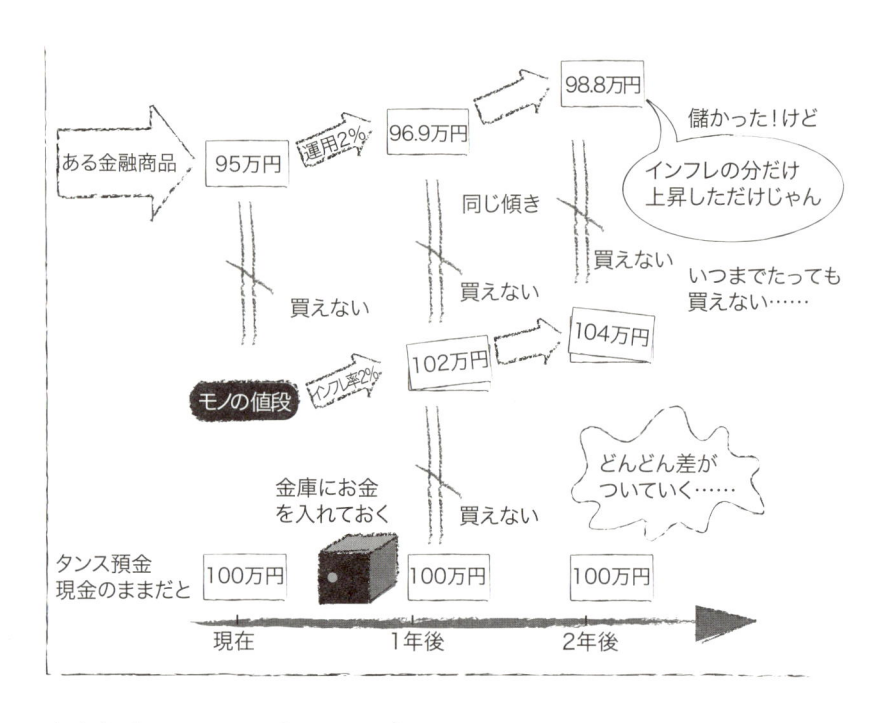

```
ある金融商品 → 95万円 →[運用2%] 96.9万円 →  98.8万円  「儲かった！けど インフレの分だけ上昇しただけじゃん」
                 ↓買えない  ↓同じ傾き ↓買えない  いつまでたっても買えない……
モノの値段 →[インフレ率2%] 102万円 → 104万円
                                       「どんどん差がついていく……」
                 ↓買えない        ↓買えない
タンス預金 現金のままだと  100万円  金庫にお金を入れておく 100万円  100万円
              現在          1年後           2年後
```

金を提供しているだけにすぎません。企業の経営が失敗すれば、株や債券の価値が目減りして損失をこうむりますし、大失敗すれば倒産して、提供したお金が戻ってこない場合だっていくらでもあり得るのです。

　投資には、「流動性」「リターン」「リスク」の3つの条件が付きものです。それに対して、流動性が低かったり、リターンが大き過ぎたり、リスクが大き過ぎたりするのが「投機（Speculation）」です。

　そして、リターンがやたら大きいのに、なぜかリスクがない（元本割れをしない）といって金融商品を売るのが、冒頭で紹介した金融詐欺です。実際はリスクそのもの、なのです。

ひょっとしたらこんな金融商品があったかも　95万円　運用6%　100.7万円　運用6%　106万円　104万円のモノが買える！

買えない　買えない　**買える！**

モノの値段　インフレ率2%　102万円　104万円

100万円

どんどん差がついていく……

金庫にお金を入れておく　買えない

タンス預金現金のままだと　100万円　100万円　100万円

現在　1年後　2年後

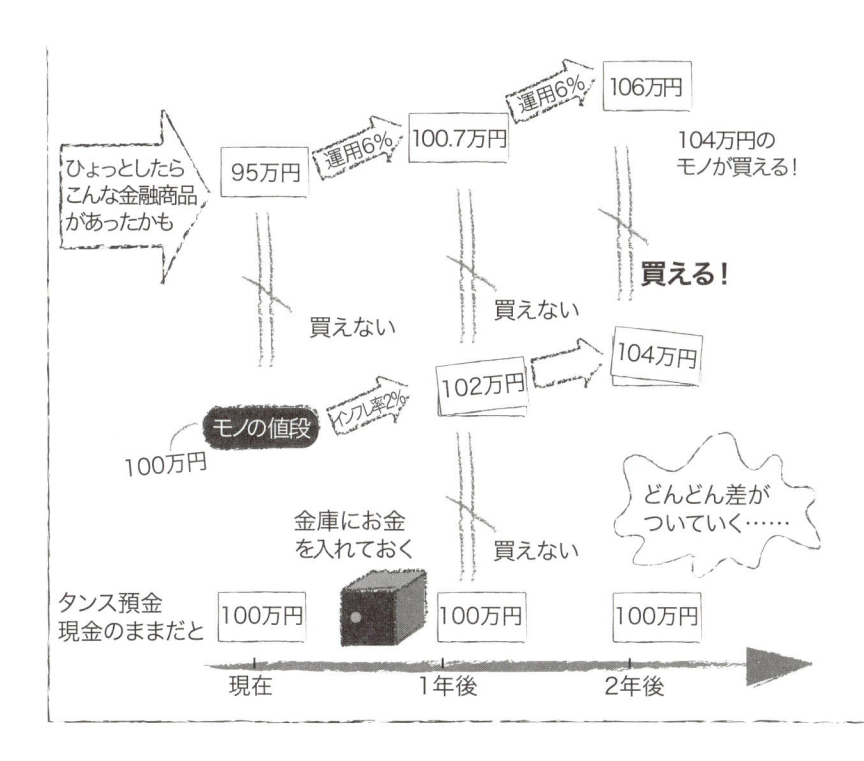

投資……流動性、リターン（収益）、リスク（損失の危険）という観点から比較可能な金融商品に、自分の資産（お金）を投じること。

投機……流動性が低かったり、リターンが大き過ぎたり、リスクが大き過ぎたりする。

```
ねずみ講
Pyramid scheme
必ず儲かる話はない！
```

何もしないでお金を儲ける方法

「株式、債券（国債や社債）、投資信託よりも、ずっと利回りがよくて、もっと確実に儲かる話があるんです。これは限られた人しか知りません」という甘いささやきが世の中にはあります。

和牛のオーナー、金地金、エビの養殖など、こうした金融詐欺の商品は数百万円単位での取引が行われるので、それなりに資産をもつ人々が狙われます。

それに対して、学生、主婦、若いサラリーマンなど、自由になるお金をあまりもっていない人たちの間で広がりやすい、詐欺まがいの投資話が「**ねずみ講**」といわれるシステムです。

たとえば、こんな感じです。

「知人（親会員）から5万円の入会金を支払ってネットワークの会員になること」を勧められました。

「1度5万円を払って会員になったあとで、知人5人を入会させれば、あとは何もしなくてもお金をもらえる」というのです。

会員になったあなたは、知人を5人誘って入会金を支払わせるだ

けでいいのです。この5万円のうちの10%（5000円）があなたの利益になる、つまり、最初に5人を入れた段階で

5000円×5人＝2万5000円

が利益となるのです。
　そして、あなたが入会させた会員1人がまた5人の会員を集める。この入会金のうちの10%がまたあなたの利益になる。
　つまり、あなたの知人5人がそれぞれ5人ずつ会員を集めるので、あなたには25人の孫会員ができます。すると、

5000円×25人＝12万5000円

の利益です。

　知人が知人を紹介していくと、どんどんと会員が広がっていき、最終的に数百万円の収入を得ることができるようになる……。

　5万円が数百万円になるなんて、何とすごい話でしょうか！

　会員（親）が新しい会員（子）を増やし、さらにその会員が新しい会員をどんどん増やす。このシステムは、ねずみの繁殖生態によく似ていることから「**ねずみ講**」と呼ばれます。

　親より上の世代の人それぞれに対して、新しい会員（子）の出資金の（たとえば）10％ずつが分配されます。ねずみ講では、「限られた人しか知らない。早く入ったほうが分配金が多くなる」などと加入を煽ります。

　一見、誰も損をせずに得をするかしこいシステムのように思えますが、予想以上に早く破たんをきたすシステムなのです。

　というのも、次々と会員を勧誘することで、新規会員から払い込まれる出資金がその上位の会員の間で（上の世代で）分配されるピラミッド型組織です。

　第1世代の下には子どもが5人です。

　その次の世代（第2世代）は25人、第3世代は125人。

　以下、第4世代…625人、第5世代…3125人、……第9世代…976万5625人、第10世代…4882万8125人、第11世代…2億4414万625人です（ずっと5をかけていくだけの計算です）。

　何と、**2億4414万625人**！

　すでに、日本の人口、約1億4000万人を超えてしまっています。

　この時点で会員になった人は出資金を払うだけで、まったく分配金はありません。

　一方で、第1〜2世代は何もせずにボロ儲けです。働かないで莫大な利益が入ります。いっそのこと、ねずみ講を本業にしたいくらい

ですよね。
　ただし、今では、**ねずみ講（無限連鎖講）は法律（無限連鎖講の防止に関する法律）で禁止されています。**

企業はどのようにして利益をあげているか？

　ねずみ講は何も生み出さないで、お金のやりとりだけで利益を得ようというシステムです。何の経済活動でもありませんし、あまりに非生産的です。
　単なるねずみ講のようなお金だけのやりとりだと、違法になってしまうため、近年では特定の商品を介したネットワークビジネスやマルチ商法という方法に姿を変えています。
　こちらは会員に特定の商品（たとえば健康食品など）を販売するピラミッド組織です。組織から仕入れた商品を自分よりあとから入会した会員や知人に、売ることで利益を得る仕組みです。
　ところが、商品を大量に仕入れたものの、思ったように売れずに借金だけが残ってしまうケースや、強引に知人に売りつけようとしてトラブルになってしまうケースなど、思ったように利益を得られないことがほとんどです。
　商品を介しているとはいえ、損をする人が多い場合や、商品がまったく価値がない場合は、無限連鎖講と認定されることもあります。
　そもそも普通の企業がいかに経営努力をして利益を得ているかを考えれば、入会するだけで儲かるなんて話はおかしいとすぐに気付くはずです。

　企業の利益＝収益－（費用＋支払利息）

企業は、市場でライバルとの競争に生き残り、負債（利息）を返しながら、確実に利益をあげようと奮闘しています。

☞**厳密には、企業の経常利益＝売上高－（売上原価＋販売費および一般管理費＋営業外費用－営業外収益）という式になります。**

　この現実を知っていれば、ねずみ講やマルチ商法のようなあやしいビジネスには手を出さないものですが、「実は"儲けるカラクリ"が本当はあるんじゃないかな」と思ってしまい、こういったビジネスに手を出してしまう人が多いのも事実です。
　ただし、手を染めてしまうと、たいていの場合、友人を失い、借金も抱えます。
　気付いたときには、あなたの社会的な信用はゼロになっているでしょう。

株式投資
Stock investment
少しだけ企業のオーナーになる

株式を買うことのメリット

　投資する金融商品には、株式、債券（国債・社債）、投資信託などがあります。また、海外の株式、債券、通貨に投資することもできます。

　このうち最もポピュラーなのが株式投資でしょう。

　企業は株式を発行して多くの人から出資金を集めます。この出資金を資本金として企業活動を行うのです。

　いってみれば、**株主はスポンサーで、株式に投資するということはその企業のオーナーになるということです。**

　理論上は、株式とは会社の所有者の権利を細かく分けたもので、株式をもっている（出資した）全員がその企業の所有者となります。

　ある企業の株式をすべて所有していれば、その企業の経営には何でも口を出せますし、自分が代表取締役社長になることもできます。

　誰が経営者として、企業をどう経営していくか、それを決めるのが、株式会社の最高意思決定機関である「**株主総会**」です。

　株主総会では、企業の業績、経営方針、役員人事といった重要事

項に関して決議（持株数をもとにした多数決）がなされます。その時点で発行株式の多数を所有することで経営に直接参加できるようになります。

しかし、そもそも株式を買うことの目的は投資なのですから、わざわざ自分たちが苦労して企業を経営しなくても、経営のプロたちが取締役となって企業に利益をもたらしてくれればいいわけです。つまり、株主たちは取締役からなる経営陣に企業の経営を任せているということになるのです。

☞ **株式会社の特徴は、会社の所有（オーナー、株主）と経営（取締役）の分離です。**

株主には「有限責任」のメリットもあります。
もし、会社の業績が悪くなったり、倒産したときには自分が出資したお金以上の責任は負わなくていいのです。
株主からすれば、さまざまな企業の株式を買って（投資して）、比較的低いリスクで、利益を得るチャンスを追求できるというわけです。
株式投資をする「株主」が利益を得る方法は2つあります。
企業が利益を出した場合、もっている株式数の比率に応じてもらえる「配当金」（インカムゲイン）と、自分が購入した株価よりも高くなったときに株式を売って差額を利益とする「売却益」（キャピタルゲイン）です。

「公開会社」と「未公開会社」の違い

株式会社には、「公開会社」と「未公開会社」の2種類があります。

公開会社は、株式の全部あるいは一部に譲渡制限を設けていない企業です。すべての株式を公開せずに譲渡が制限されているのが**未公開会社**です。東京などにある証券取引所（証券市場といいます）で取引されている企業（上場会社）の株式は主に公開会社の株式です。

公開会社にするか非公開会社にするかは、株主総会やその会社の定款（ルールブックのようなもの）で定めます。

たいていの企業は、最初は創業者本人やその家族、あるいは親しい出資協力者くらいまでが株主になる、非公開会社としてスタートします。

経営が順調にいって、さらに事業を拡大するためにより多くの資金が必要になったときに、株式を公開（譲渡制限をなくす）し、さらには、証券市場に上場してお金を集めるのです！

企業がお金（事業資金）を集める方法には、「**直接金融**」と「**間接金融**」の2種類があります。

直接金融とは、企業が株式や債券を発行して事業資金を集めることです。

一方で、企業が金融機関から事業資金を借りることを間接金融といいます。

　直接金融である株式を発行することで集めたお金は企業にとって返済する義務はありません。株主は「この株式はいらない！　この株を引き取ってよ」と企業にいう必要はありません。「この株式はいらない！」と思ったら株式市場で売ってしまえるのです。

　上場会社の株の売買は、仲介会社（Brokerage firm）である証券会社を通じて行われます。

未公開株のリスク

　株式について気を付けてほしいのは、**未公開株式は他人に譲渡するには制限があるということです**。自由に売買ができません。

　金融詐欺の中には、「近いうちに、この未公開株式を株式市場に上場（公開）する予定があるので、今のうちに買いませんか。株式市場に出たらみんなが欲しがるので値段が上がりますよ」と勧誘するものもあります。

　ところが、この未公開株式はいつまで経っても公開されずに、自由に売買ができない（**流動性がない→流動性リスク**）、やがてその企業は倒産して出資金も戻ってこない（**信用リスク**）……と悲しい結果になることがほとんどなので、注意が必要です。

　こうしたリスクは、未公開株ほどではありませんが、株式市場で取引されている公開株にも付きものです（ただし、未公開株式でも上場できます）。

　たとえば、現金化できないという**流動性リスク**ですが、株式を売却しても現金にするためには通常、数日を要します。

　企業が倒産して出資金が戻ってこない**信用リスク**は公開株も同様

です。企業が倒産してしまえば、お金は戻ってきません。

　価格変動リスクも大きいです。株式を市場で売買している以上、人気がある株は高値ですが、その後の情勢によって価格は変わる可能性があるのです。

　つまり、みんなが「欲しい！」と思っている株式を高値で買ったとします。ところが、その企業が何か問題を起こして、価格が急降下（**価格変動リスク**）、さらに株式を売るタイミングを見損なっていると、その企業が何と廃業をしてしまった（**信用リスク**）、というようなことが起きてもおかしくはありません。

| 株 | 式 | 市 | 場 | | | |

Stock market

| 「 | 株 | 式 | 」 | の | 新 | 聞 | は | こ | こ | を | 見 | る | ！ |

株価が決まるメカニズム

　新聞、テレビのニュースで「今日の株式は」という場合は、この上場会社の株式をさします。上場会社の株式は株式市場で取引をされています。
　企業ごとに発行株式数などは異なっています（経済学の用語でいえば「供給」）。
　上場されると株式は投資家が「欲しい！」と思うか「手放したい！」と思うかで（経済学の用語でいえば「需要」）価格は上下します。
　この**需要と供給のバランスは市場メカニズムの基本**です。
「欲しい！」人が多ければ（需要が増える）株価は上がり、「手放したい！」人が多ければ（需要が減る）株価は下がります。
　また、発行株式数が多ければ（供給が増える）、株価は下がり、発行株式数が少なければ（供給が減る）、株価は上がります。
　この上下していく動きを見ることができるのが、「株式相場」です。
　株式市場では、業績が良い会社の株は一般に高い配当金がもらえるため、株価は上がる傾向にあります（公開時よりも高い価格にな

●株が欲しい人々の場合　株価の市場メカニズム

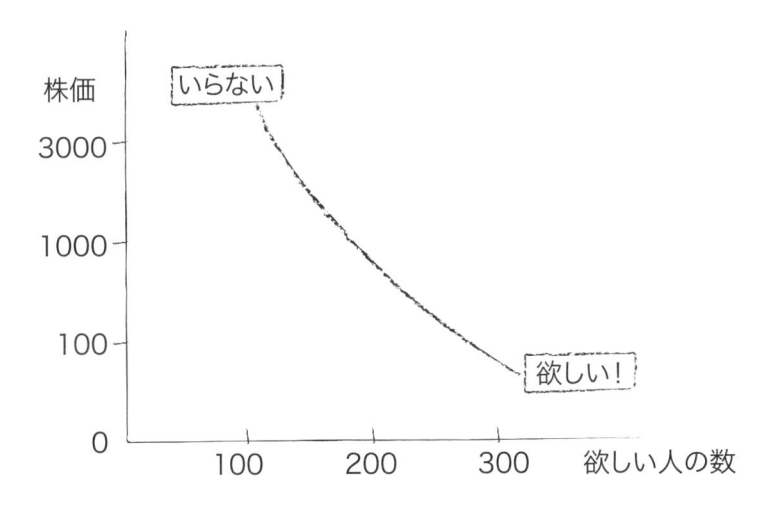

株価

3000　いらない

1000

100　　　　　　　　　欲しい！

0　　100　　200　　300　　欲しい人の数

●株をもっている人々の場合　株価の市場メカニズム

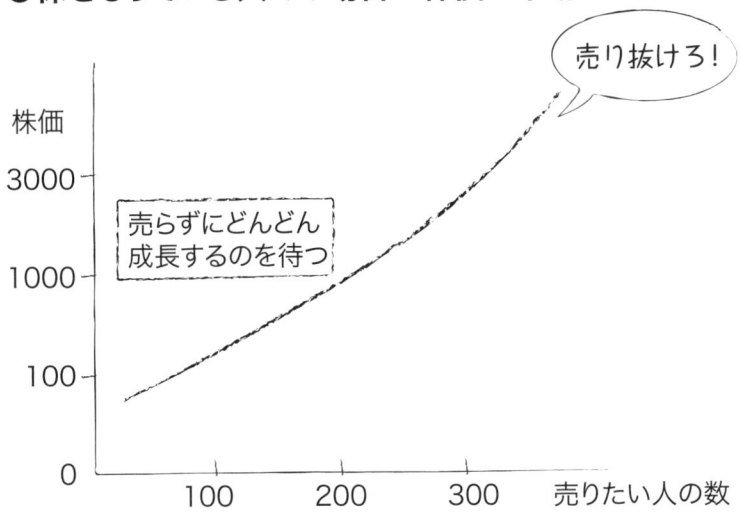

株価

3000　　　　　　　　　　売り抜けろ！

1000　売らずにどんどん
　　　成長するのを待つ

100

0　　100　　200　　300　　売りたい人の数

株式市場　171

ります)。

反対に業績の悪い企業の株の場合は、配当金がゼロ（無配）の可能性が高く、株価は下がる傾向にあります。

みんなが欲しい「株価」は上がり、みんなが敬遠する「株価」は、下がるということです。

ただし、株式市場では企業の業績だけでなく、今後の成長可能性——たとえば「新しい技術が発明された！」とか「大手企業と共同開発をすることになった！」——や輸出入動向など、さまざまな要因が重なって、株価が決まります。

「株式投資は美人投票である」——、これは20世紀前半に活躍した経済学者ケインズの言葉です。美人投票は自分が「美しい」と思う人でなく、みんなが「美しい」と思うであろう人が選ばれる。株式もみんなが「欲しい！」と思うであろう株式の人気が上がるというわけです。

株価の市場メカニズム　株価はこう決まる！

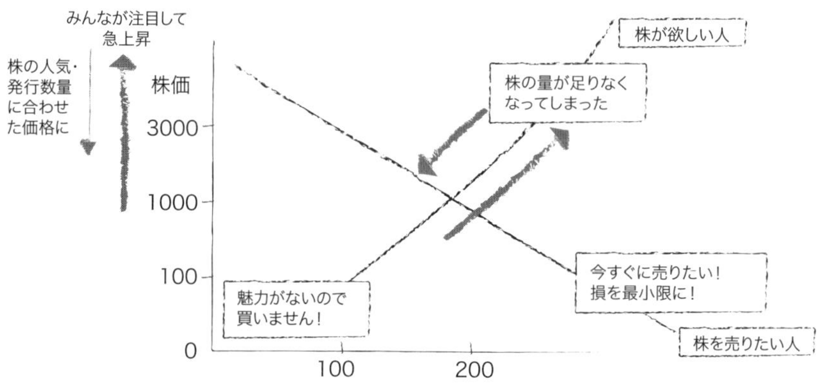

みんなが注目して
急上昇
株の人気・
発行数量
に合わせ
た価格に
株価
3000
1000
100
0
100
200
株が欲しい人
株の量が足りなく
なってしまった
今すぐに売りたい！
損を最小限に！
魅力がないので
買いません！
株を売りたい人

株式相場表の見方

　ここでは、日本経済新聞社の週刊誌「日経ヴェリタス」の2008年7月のとある週の株式相場表の一部を見てみましょう。有名な企業を抜き出してみました。

コード	銘柄	単元株価	52週高値	52週安値	PER(倍)	週間騰落率(%)
4676	フジテレビ	162000	266000	138000	20.7	▲4.7
6758	ソニー	510000	6580	3910	17.7	▲2.1
7203	トヨタ自動車	541000	7880	4800	14.9	▲1.4

　「**コード**」は、各企業（銘柄）に割り当てられた番号です。
　「**単元株価**」は必要最低投資額です。銘柄によって最低取引単位があります。1株単位の取引から1000株単位の取引までといった具合です。
　「**52週高値**」「**52週安値**」は、ここ約1年間の最高値と最安値がわかります。「**PER（倍）**」は、「**株価収益率**」（株価÷1株あたりの税引き利益）という指標で、株価の割安性を測る指標です。
　一般的に、PERが低ければ低いほど『株価が割安である』といえます。20倍程度までが適正な数値とされますが、成長性が見込まれる企業の場合は高PERでも人気があります。同業他社との比較も重要です。
　「**週間騰落率（%）**」はその週にどれだけ上がったか（△）、下がったか（▲）がわかります。メディアによっては、週間騰落率のほか、前日の騰落率や月間の騰落率なども載っています。
　企業の人気や投資家からの期待度がわかるのが、この株式相場というわけです。

多くの投資家は株価が安いときに購入し、高くなりはじめたら、売却します。
　安い価格で買って、高い価格で売る——利益が出る基本パターンですね。
　この基本パターンを使って、1日の間で利益を得ようとするのがデイトレーダーです。
　また、決算の発表やニュースなどとは関係なく株価が急に上下した場合はインサイダー情報（株価に影響を与えそうな、公表される前の内部情報）での取引や、**仕手筋（株価が上がるという情報を流し、みんなに買わせておいて、高くなったところで、自分だけ利益を得るために売り抜ける投資家）**が動いている可能性があります。
　よく「株価が上がった」「急落した」などというニュースを聞きますが、あれは株式市場の代表的な銘柄を選び出して指数化した「日

日経平均株価の推移

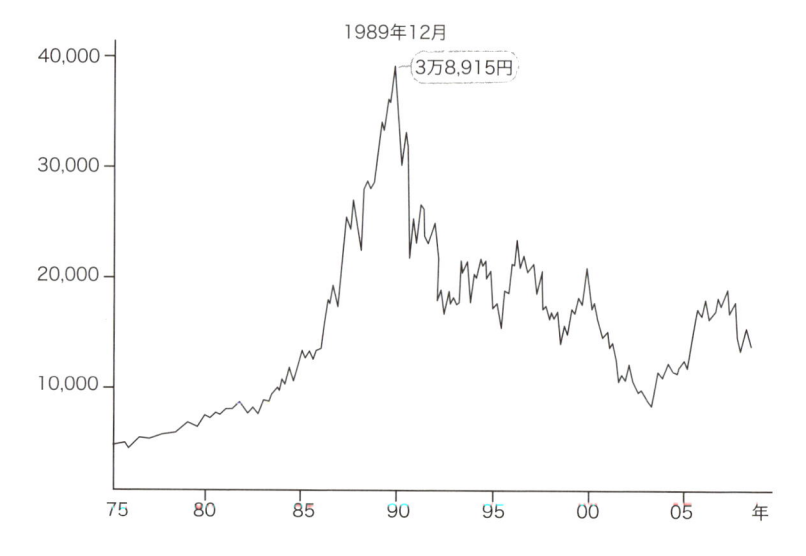

1989年12月　3万8,915円

経平均株価」と「東証株価指数（TOPIX）」をさしています。

　日経平均株価は、日本の代表的な企業225銘柄を日本経済新聞社が選び、それらの企業の株価をもとに、一定の計算方法で算出した数値です。

☞トヨタやソニー、大手銀行、証券会社など、東京証券取引所（第一部）の約1700銘柄の株式のうち225銘柄。

　TOPIXは、1968年1月4日の東京証券取引所（第一部）の全銘柄の時価総額（株価×発行株式数）を100として指数化したものです。
　日経平均株価、TOPIXともに、日本の景気のインデックス（指数）とみなされています。

　日経平均株価の表を見てみましょう。
　一時は、バブル時代に、3万8915円を記録したことがあります。
　その後、2003年には7603円まで落ちてしまいましたが、今では何とか1万2000円～1万4000円台を行ったりきたりしています。

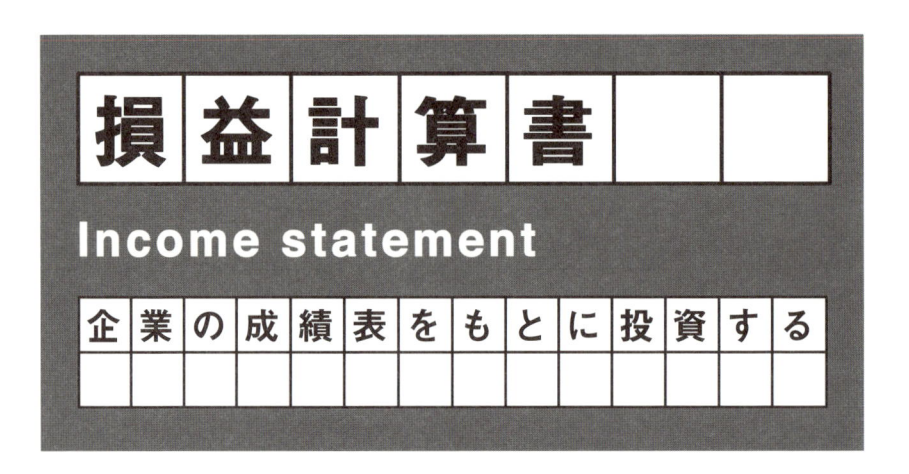

損益計算書

Income statement

企業の成績表をもとに投資する

損益計算書を見れば企業の未来がわかる

　企業の財務状況を見るときに、その内容を示す成績表のようなものが、本書の冒頭でも紹介したバランスシートです(24ページ参照)。

　冒頭のバランスシートでは**損益計算書**についてはあまり説明をしませんでしたが、本来のバランスシートには収益と費用と純利益のブロックの入った損益計算書も重要な役割を果たします。

　損益計算書は、アメリカでは「Income Statement」と呼ばれますが、日本では「Profit and Loss Statement」を略して「P/L」と呼ばれます。

　収益から費用を引き、その残ったものが純利益となります。この純利益から、分配金などを引いた分が、翌年以降の純資産の部にプラスされるのです。

　安く仕入れて、高く売る——この差額で収益をあげる、たいていの企業が実践しているビジネスモデルです。

これが損益計算書だ！

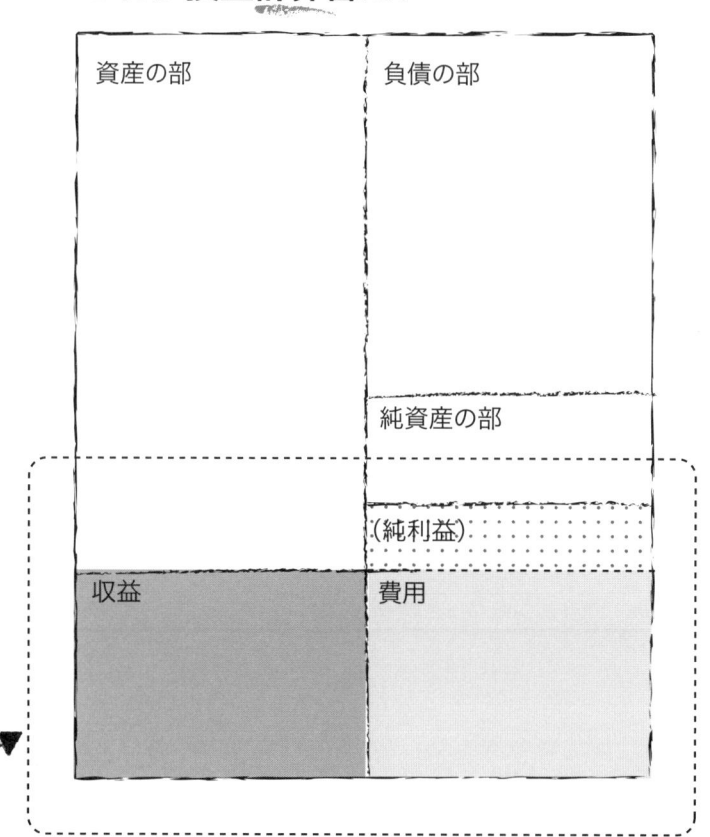

資産の部	負債の部
	純資産の部
	(純利益)
収益	費用

収益から費用を引いたもの＝純利益
翌期に純利益の一部（配当に回らなかったものなど）は純資産となる

企業の利益＝収益－（費用＋支払利息）

　企業にとって、借金をして（負債を負って）、費用と負債の支払利息を上回る収益をあげることが、「経営」なのです。
　損益計算書は、まさに企業の経営活動が反映されたものとなります。
　個人（家計）の場合は借金をしなければしないに越したことはありません。しかし、企業の場合は、借金をして会社の事業資金をまかなうのが経営活動の一環です。
　バランスシートは会計年度のそのときどきのお金の流れを反映しますが、損益計算書は、企業のその会計年度の経営成績が黒字か赤字かなどを、成績表のように明らかにしてしまうのです。
　こうした損益計算書を見ながら、投資家はその企業の将来性を見抜いて、株式を買うか、売ってしまうかを決めるのです。

債券投資
Bond investment
企業や国にお金を貸す

元本が保証される債券

　株式会社では株式のほかに「**社債**」という債券を発行することもあります。

　企業としては、何年後かに返済するという約束（証書）のもとに、多くの人から小口の借金をして、資金を集めるのです。借りたお金は直接返済します。

　この債券の窓口は証券会社です。債券には、銀行や機関投資家に限定したり、多くの一般投資家に開放したりするなど、さまざまな形態があります。

　債券は企業の借金の1つです。株式はバランスシート上で、**純資産**（返済しなくていいお金）になりますが、社債は**負債**（借入れ、借金）となります。

　債券は、出資者（投資家）が発行時に決められた利息を、定期的（半年ごと）に受け取り、満期日には発行時に約束された金額（額面金額）を償還（払い戻し）されるというものです（利付債）。

☞ 利息が支払われない分、購入価格が安い割引債（主なものはアメリカのゼロクーポン債など）もありますが、多くは利付債です。

　株式とは違い、最初に債券を買った額（**元本**）は保証されますし、また一定程度の利益（**クーポン**）を得ることができるので、債券は株式と比べると比較的安心な投資といえます。保険料を運用したい生命保険会社など、大口の機関投資家が買い手の中心です。

国債は国の借金

　債券は政府も発行します。
　政府が発行する債券を国庫債券、略して「**国債**」といいます。また、地方公共団体が発行する債券は「地方債」といわれます。
　国債の種類は、償還までの期間によって短期・中期・長期（たとえば、5年や10年、企業向けの長いものでは50年）に分類されます。利付債の場合は、利息が定期的に支払われた上に、満期時には額面金額が償還されます。
　政府の財政（運営費用・予算）は税金を集めてまかなうのが一般的ですが、それだけでは足りなくなることがあります。不足分は国債（特例国債または赤字国債）を発行してまかなうのです。そのほかに公共事業をまかなうための「建設国債」があります。
　かつては、国債が戦費調達の手段だった時期もあります。自国民や友好的な外国政府に自国の国債を買ってもらったわけです。
　アメリカでは第一次世界大戦の戦費調達のために発行した「自由国債（Liberty bond）」が最初です（1917年）。日本では、太平洋戦争中は国民に国債の購入を働きかけたほどです。国債を銀行や外国政府などに購入してもらっていたのです。

債券の「信用リスク」

　ただ、**債券にも株式と同様のリスクがあります。**というのも、いくら大きな企業でも倒産がありますし、大きな国家でも財政破たんの危険性があるからです。

　倒産、破たんの場合、戻ってくるはずのお金のうち、いくらが戻ってくるかはわかりません。これが「**信用リスク**」です。

　企業の場合は、2001年には大手スーパーのマイカルが民事再生法の適用を申請し、約3500億円の社債が「**デフォルト（債務不履行）**」になったことがあります。

　このとき返済されたのは、個人などに対しては額面の30％、大口債権者には10％が上限だったと報道されました。

　2008年にも東証第2部上場の不動産会社スルガコーポレーションが民事再生法の適用を申請。発行していた普通社債210億円はデフォルトになっています。

　国家でいえば、こちらは国が発行しているため、倒産する信用リ

スクがかなり低いといえるでしょう。それでもリスクがあります。1998年にロシアが対外債務の90日間支払停止を宣言しました。このため、**ロシアの通貨ルーブル建て国債がデフォルトに陥った**のです。この間にルーブルの価値が激減し、ロシア国債の価値も激減しました。

　また、**南米のアルゼンチンも2001年にデフォルトを宣言しました**。こちらは、結局、アルゼンチンが、元本の30％といったアルゼンチン側に条件のいい、新しい国債への交換を提案し、投資家たちは余儀なくその条件を呑むことになりました。

信用リスクを表す「格付け」

　国家への投資ですら信用リスクがあるため、債券には信用リスクを表す「**格付け**」があります。

　格付けはいくつかの専門の機関によって行われます。世界中の国の国債を評価する機関や、日本国内の債券や投資信託などを格付けする機関があります。

☞**こうした機関も民間の企業です。評価した中身など詳細な情報を販売する格付情報料と、「わが国（社）も格付けしてほしい」というような依頼を受けて格付けをする場合の格付手数料の2つの業務で利益を得ています。**

　格付けは、最上級から、AAA（トリプルA）、AA（ダブルA）、A（シングルA）と並び、さらにBBB（トリプルB）からB（シングルB）、CCC（トリプルC）からC（シングルC）という順に並びます。

　格付けが低いほど、表面利率（クーポンレート）が上がっていき

ます(**利回りが良くなっていく**)。それくらいの上乗せリターンがないと買い手がいないということです。しかし、クーポンレートが高すぎると破たんのおそれもあるので注意が必要です。

　国内の債券でいえば、長期保有を考えるならば少なくともBBB以上、できればA以上で検討すべきといわれています。

　最近、格付けで、日本の国債のランクが話題になることがあります。

　現在の日本国債の格付けは、格付機関の1つであるスタンダード＆プアーズ（S＆P）が最高位から2番目の「AA」、また、格付機関ムーディーズは21段階中4番目の「Aa3」としています（2008年7月現在）。

社債とは、企業と投資家の借金契約

決められた利息が定期的に支払われ、満期日には発行時に約束された額面金額を償還（返済）される金融商品

信用リスクに注意！

| 長 | 期 | 金 | 利 | | | |

Long yield

| 株 | 式 | と | 国 | 債 | の | 人 | 気 | は | 反 | 比 | 例 | す | る |

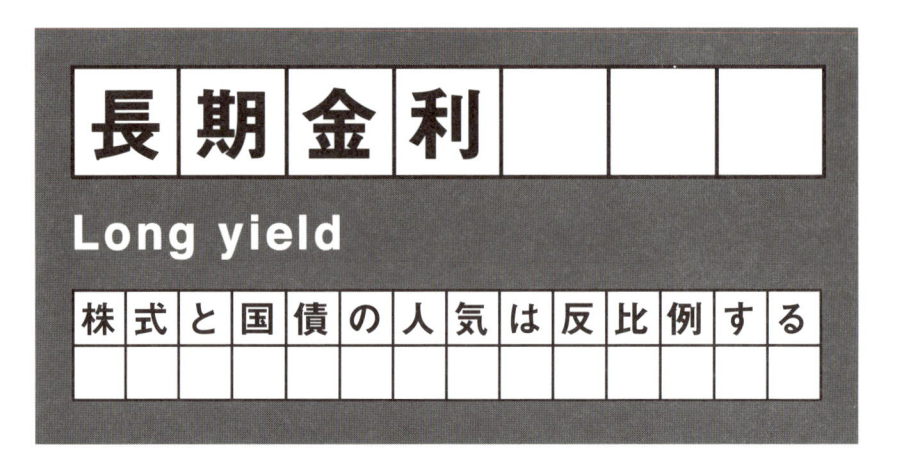

金融商品としての国債

　国債には2つの面があります。

　1つは「**金融商品としての国債**」と、もう1つは「**長期金利の指標としての国債**」です。

　まず、「金融商品としての国債」から説明します。

　これまで国債は、銀行、保険会社、投資ファンド、年金基金などの機関投資家が中心になって売買をしていましたが、最近では個人向け国債として1万円単位の買いやすいものが出てきました。個人向け国債には5年（固定金利）物と、10年（変動金利）物があり、低金利の時代の人気商品となっています。1年に2回、利息が支払われます。1年後からは売却も可能です。

　ただ、売却には手数料がかかるので、元本割れのおそれがないかを計算する必要があります。

　では、どれくらいの利益が出るのでしょう。利率は、国債でポピュラーな10年固定利付国債を基準として、そこから0.8％を引いた利率になります。

たとえば、現在ですと、100万円投資した場合には、毎年1万4400円（税引き後）の金利がもらえます。また、10年後には元本も戻ってくるので、金利と元本の合計は、114万4000円になります。これが「金融商品としての国債」です。

長期金利の指標としての国債

　次に、「長期金利の指標としての国債」を見てみましょう。
　国債を買うのは個人だけではありません。
　投資銀行、信託銀行、証券会社、保険会社といった機関投資家が、安定した利益を得るために株式や国債を購入しています。機関投資家にとって、株式と国債は景気によって魅力が大きく変わる商品なのです。
　というのも、株式と国債は注目される時期が正反対、わかりやすくいえば、投資家にとって魅力的に見える時期が真逆なのです。
　株式は好景気のときには絶大な人気を博します。好景気で企業の利益がどんどん増えれば、株価も上がります（バブル時代の日経平均株価は3万8915円の最高値を付けました。1989年12月29日終値）。
　反対に不景気になると、株価はどんどん落ちていきます。バブル崩壊で株価は大きく下がり、バブル後の最安値は7607円。およそ5分の1まで下がったのです（2003年4月28日終値）。
　バブル時の高値で買った人は売るに売れません。売ったら大損になりますから。株価が乱高下してしまうと、安心して「安く買って、高く売る」という投資のセオリー通りに取引できないのです。
　こういった**不景気なとき、先行きが不透明なときに人気が出るのが国債です。**
　国債は最終的に償還される額、利息が決まっています。国が破た

んしない限り必ずお金は戻ってきます。5年や10年などと、長期間保有するのが原則ですが、その間、1年に2回、利息が払われますし、満期には予定された償還額が戻ってきます。

　株価が下がったままなど、景気の先行きが不透明なとき、安定した運用をする必要がある機関投資家には、願ってもない投資になるのです。

　しかし、景気が底を打って株価がこれから上がると予測できれば、もっている国債を売って、まだ安いうちにと株式を買いに走ります。

国債の利回りは景気のバロメーター

　株式と同様に債券にも市場があります。

　国債を取引する市場では、機関投資家は国債を売って現金化したり、安定した運用のために国債を購入したりするのです。国債は満期2年、5年、10年、20年など長期間のタイプが多いので、満期になる前に、景気が変わり（株式の魅力が増したり、減ったり）ます。そのため持っている人が売りたくなったり、買いたくなったりするのです。

　このとき、**債券価格は債券市場での取引に応じて変動します。**

　世の中の動きによって、債券価格は上下し、変動していきます。

　たとえば、満期10年の国債ならたいていは、10年後に償還される価格よりも安くなっています。また、償還日には額面金額が国から支払われるので、**償還日が近くなるにつれて、債券価格は額面金額に近くなっていきます。**

　景気が良ければ、国債よりも株式の方に魅力的なリターンが期待できますから、株式の人気が上がる分、**国債は不人気になります。**よって、価格が下がります。

10年国債の価格イメージ（償還価格100万円）

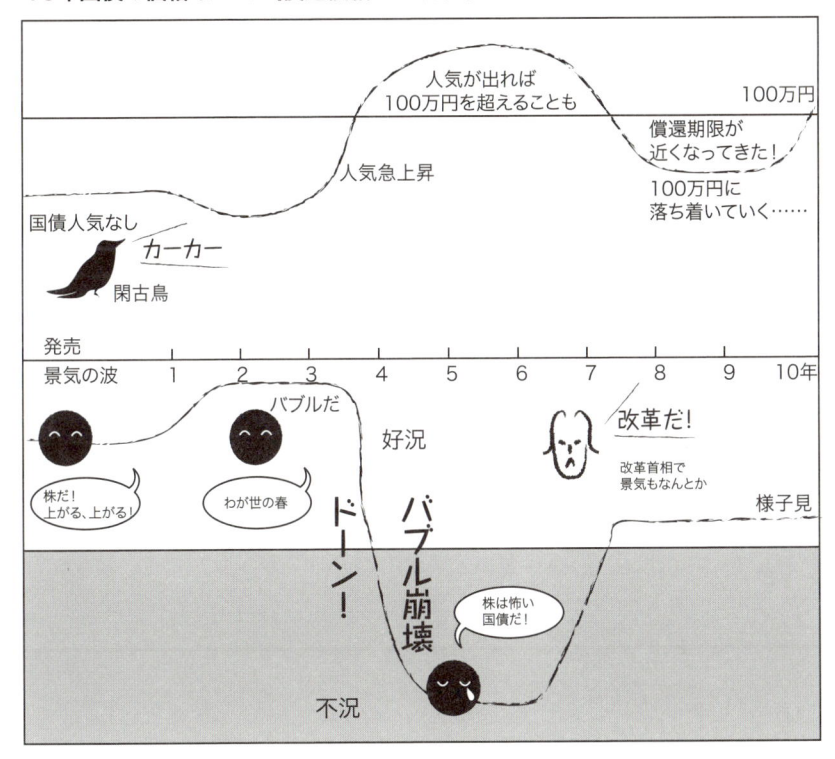

図中テキスト：
- 人気が出れば100万円を超えることも
- 100万円
- 人気急上昇
- 償還期限が近くなってきた！
- 100万円に落ち着いていく……
- 国債人気なし
- カーカー
- 閑古鳥
- 発売
- 景気の波
- 1　2　3　4　5　6　7　8　9　10年
- バブルだ
- 好況
- 改革だ！
- 改革首相で景気もなんとか
- 株だ！上がる、上がる！
- わが世の春
- ドーン！
- バブル崩壊
- 株は怖い国債だ！
- 不況
- 様子見

　反対に、**不景気なとき、**先行きが不透明なときには、みんな株式よりも国債が欲しくなり、**国債の人気が高まります。**

　すると、国債の購入価格は、償還価格に限りなく近くなります。**購入価格と償還価格の差が、大きければ大きいほど、国債が不人気**ということですから、景気が良い状態ですし、反対に、価格差がなければ、国債が人気ということで不景気だとわかります。

　このことをすぐにわかるように数値化したものが、国債の「**利回り**」です。

長期金利　187

購入価格と償還価格の差額（債券1単位あたり）と利息の合計額を年数（購入してから償還日までの年数・償還期間）で割り、1年ごとの運用益としたものを「利回り」といいます。

「国債が欲しい！」という人が多ければ、価格は高めになります。**額面（償還）価格（たとえば100万円）と購入価格（99万円）**との間の差がなくなります。

　つまり、利回りが小さくなります。

「株式が欲しい！（国債不人気）」となれば、国債の価格は安めにしなくてはお得感が出ません。そこで、**額面（償還）価格（たとえば100万円）と購入価格（80万円）との間の差が広がります。**

　つまり、利回りが大きくなります。

　これが、「**国債の利回りは景気のバロメーターになる**」というこ

●国債の利回りが長期金利の指標となる

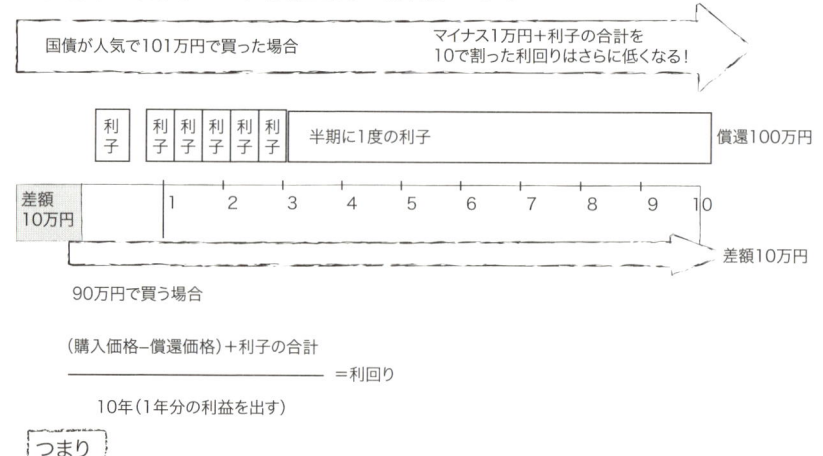

国債が人気で101万円で買った場合
マイナス1万円＋利子の合計を10で割った利回りはさらに低くなる！

半期に1度の利子　償還100万円

差額10万円

90万円で買う場合

$$\frac{（購入価格-償還価格）＋利子の合計}{10年（1年分の利益を出す）} ＝利回り$$

つまり
不況で国債の人気が高い（購入価格が高い・差額が小さい）
＝利回りが小さい＝長期金利が低い
好況で国債の人気が低い（購入価格が低い・差額が大きい）
＝利回りが大きい＝長期金利が高い

とです。**利回りが小さいほど不況、利回りが大きいほど景気がいい**ということです。

投資家からすれば、この長期金利は安定的なリターンの指標です。長期金利を上回る利益が株式投資にあると判断すれば株式投資をしますが、長期金利以下ならば、投資する必要がありません。国債を買えばいいからです。

このため、景気が悪いときは国債ばかりを買っていた大口投資家も、景気が上向きはじめて、株式の方が利益を出すようになると、国債を手放して、株式へと興味の対象が移るのです。

このように、**国債の魅力が薄れ、価格が下がると利回りは上昇します。額面（償還）価格と購入価格の差が大きくなる**という流れです。

こうしたバロメーターは投資家だけが参考にしているのではありません。この長期金利を目安にして、金融機関などは長期的な金融商品の金利を決めているのです。

たとえば、住宅ローンも、長期金利の影響を大きく受けています。長期金利と住宅ローンの金利とを比べた場合、住宅ローンの金利の方が高くなります。

なぜなら、住宅ローンの金利が低ければ、金融機関としては、住宅ローンとして融資するよりも国債に投資して長期金利分の利息を得た方が得だからです。

株式と債券の魅力は反比例するということがおわかりいただけたでしょうか。

ただ、最近では、長期金利がいつまでも低水準の状態が続いているのです。

日本では過去10年ほど、2％を超えることがないので、「2％の壁」と形容されたり、アメリカでもグリーンスパン元FRB議長が自伝

『波乱の時代』(日本経済新聞出版社)でアメリカの長期金利が低水準のままなのは「謎」だと語っています。
　この理由としては、外国の投資家が債券を購入してしまい、景気との直接的な関係が見られなくなってきたためではないかといわれています。
　世界的に安定的な投資を求める動きが強まっていて、債券への人気が続き、気が付けば国内のバロメーターの役割を果たさなくなっているのです。

投資信託

Mutual funds

実は、投資信託選びも難しい！

投資信託は金融商品のパッケージ

　株式や債券に投資するには詳しい知識が必要になります。機関投資家などの大口投資家はともかく、一般の方には何からはじめればいいのかわかりません。

　このような個人を対象に、「そんなあなたにもってこい」を売り文句にした「**投資信託**」という商品もあります。

　投資信託（投信）とは、複数の株式、債券、不動産などを組み込んだパッケージタイプの金融商品です。

　たとえば、投資信託には日経平均株価の動きに連動した商品があります。

　日本の景気が今後良くなりそうで、株価も確実に上がるだろうと予想されるものの、個別の株の動きはさまざまです。

　日経平均が上がり続けても、中には株価が下がり続ける企業もあります。一般投資家にとっては、投資先の企業を選ぶことは難しいでしょう。

　そこで、日経平均株価に採用されている銘柄を日経平均株価の動

きに連動するように投信会社が投資家に代わって購入するのです。
　購入のための資金は広く集めるので、ファンド(運用資金)の「テーマ」次第では多額の資金が集まります。その全額を投資に回すというわけです。
　また、海外の株式や債券もテーマになります。
　最近、世界から今後の経済成長が注目されているBRICs(ブラジル、ロシア、インド、中国)に投資したいと思っても、具体的な投資方法がわからない人は多いでしょう。
　中国のように、取引所によって外国人の参加が制限されていたりなど、投資できるかどうかもまちまちです。
　こういったときに投信会社がBRICsをテーマにしたファンドを設

定するのです。

たとえば、「BRICsの国債だけを購入したい人集まれ」といったファンド。

「BRICsの今後成長する企業の株式に投資したい人集まれ」といったファンド。

または、「BRICsの国債と国営企業の株式を組み合わせて、より利益が出るように計算しました」といったファンドなどです。

つまり、**投信は株式や社債、国債などを独自のテーマで組み合わせたパッケージ商品**なのです。

最近では、環境問題対策を重視する企業の株式に投資するというテーマで設定されたファンドなどもあり、人気を呼んでいます。

このように、投信とは投資に迷う投資家への親切な金融商品なのです。

この投信で爆発的な人気になったのが「**グローバル・ソブリン・ファンド**」です。いわゆる「**グロソブ**」です。ソブリンとは「主要な債券」という意味です。**格付けA以上の先進国の国債や国際機関が発行する債券**をみんなで購入し、利益を分けようというのが、グロソブです。債券のみですから、株式と比べて、リスクが低いのです。

販売窓口は証券会社が中心に担います。集めたお金は投信委託会社（運用会社）が信託銀行に信託します。信託銀行が（受託者となって）その資金を投資・運用します。そこから利益が出れば、期間を区切って、投資した参加者に分配します。

☞**信託とは、委託者から財産を預かった受託者が受益者のためにその財産の管理・運用・処分をすること。投資信託とは信託の1つ**です。

もちろん、株式にも投資をするのですから、元本は保証されません。また、商品ですからコストがかかります。購入時に販売手数料、信託している限り、信託報酬、投信を売ったり解約したときには信託財産留保額というコストがかかります。

アクティブか？　インデックスか？

　投信には多くの種類があります。銘柄選定のテーマ、投資対象、投資スタイルによって変わってきます。
　また投資対象は、「株式」なのか「債券」なのか。債券の中でも国債だけなのか、社債も含むのか、またそれぞれの比率はどれくらいかなど、さまざまです。
　投資スタイルは、大きく2つ。「**アクティブ**（積極運用）型」か、「**インデックス**（指数連動）型」か。
　投資の際に参考とするのが指数（ベンチマーク）です。この指数よりも上回る利益を目標とするのが「**アクティブ・ファンド**」。指数と同じ動きをするように設計されたのが「**インデックス・ファンド**」というわけです。
　日本国内の指数といえば、日経平均株価とTOPIXです（株式の項目で解説しました）。
　アメリカにも有名な「ダウ工業株30種平均（通信社のダウ・ジョーンズ社が算出）」があります。このような指数に連動する形で利益を出していくか（インデックス型）、それとも、それ以上の利益を出していくか（アクティブ型）で分かれるのです。
　このほかに**将来の成長株に投資する「グロース株ファンド」や現在の割安な株に投資する「バリュースタイル」**などもあります。
　また、利益が出るかどうかは資金の運用を直接担当する会社や、

直接投資先や投資時期を決める運用の責任者であるファンドマネージャーの手腕も大きいのです。

たとえば、投資の神様といわれるアメリカ人投資家ウォーレン・バフェットの名前をご存じの方も多いと思います。彼は割安株に投資していくバリュースタイルで長期的な投資をすることで知られています。

ファンドマネージャーの手間がかかっているのがアクティブ・ファンドです。なぜなら彼らは最も効率的に利益が得られる投資・運用方法を常に探しているからです。

その分アクティブ・ファンドは手数料（load　販売手数料）などのコストが高いのです。ファンドマネージャーを雇って運用させているイメージに近いでしょう。

証券会社と投信を売買するだけでこういったことが可能になるのです。

さて、最近では投資信託の研究が進んで、わかってきたことがあります。

インデックスを上回る好成績をあげようとするアクティブ・ファンドは、好成績（パフォーマンス）をいつもあげているとは限らないということです。このため、長期的に見れば、インデックス・ファンドに投資する方法でいいのではないかという見方が主流になってきました。

また、最近では販売手数料が無料の「ノーロード投信」が出てきています。

投信の注意すべき問題点は、運用会社と販売会社および受託者である信託銀行に支払う信託報酬がかなり高くなる場合があるということです。

いくら販売手数料が無料でも、運用会社と販売会社および信託銀

行にかかるコストである「信託報酬が無料」ということではないので、これを確認することが大切です。

株式と同様にある週の投資信託の相場表を見てみましょう。

投資信託名
運用会社　週末基準価格（円）　前週比（円）　前月末純資産（億円）

グローバル・ソブリンオープン　毎月決算型（バランス型）
　　国際　　7534　　▲9　　55307
インデックスF225（インデックス型）
　　日興　　3675　　▲38　　2133
アジア高配当株オープン（国際株式型）
　　野村　　10073　　▲54　　2000

「**週末基準価格**」は現在の値段です（時価）。
「**前月末純資産**」を見れば、現在ファンドにどれだけお金が集まっているかがわかります。

　こうした投信の上手な使い方はやはり長期的に伸びていきそうな投信にお金を預けていくことでしょう。「長期的に伸びていく」投信は、自分の目で調べる必要があります。

　投信はファンドマネージャーまかせで、簡単なように見えても、どの投信にするかでまた選択をする必要があるのです。

リスク・ピラミッド
The risk pyramid
多角化・分散化のために

投資の3つのルール

　ここまでお読みになって、「よし、早速、何か投資してみよう！」と思われた方もいらっしゃるでしょう。

　その前に、パーソナルファイナンスにおける**「投資の3つのルール」**を知っておきましょう。

1.早くはじめること（Start early）
2.投資したお金はそのままにすること（Keep your money invested）
3.多角化・分散化すること（Diversify）

　投資の3つのルールの「1. 早くはじめること（Start early）」と「2. 投資したお金はそのままにすること（Keep your money invested）」は、ここまで説明してきたことですから、おわかりかと思います。

お金が複利マジックで育つために早い時期からはじめて、可能な限り、時間を与えるのです。また、投資したあとは、短期的な金利の上昇・下降に一喜一憂せずに、長期的な視野で、お金を育てようということです。時間が最大の味方になるのです。
　最後に「3. 多角化・分散化すること（Diversify）」です。

リスク・リターン・ピラミッド

　アメリカには、「**すべての卵を1つのバスケットに盛るな**」という投資に関する格言があります。これは、お金を卵に、金融商品をバスケットにしたたとえです。
　バスケットがテーブルから落ちたら、中に入っている卵はひとたまりもありません。全滅です。だからこそ、卵はいくつかのバスケットに分けて入れようというのです。
　投資でいえば、さまざまな金融商品、さまざまな投資先を考えようということです。
　どんなバスケットがあるのか、アメリカではこのリスクとリターンをわかりやすく説明するために「リスク・リターン・ピラミッド」

を用いて説明します。

　一番下には「預金」や「国債」がきます。国債や定期預金などの元本（元金）が保証されていてリスクが低いためです。

　同じところに「MMF（Money Market Fund）」も入ります。MMFは投資信託の一種ですが、銀行預金のように預け入れ、引出し（解約）が自由な金融商品です。

　MMFでは、金融機関が預かったお金を比較的リスクの低い「短期」の「債券」（外国の国債など）に投資・運用します。元本保証はないものの、普通の銀行口座より1〜2%くらいは利率が高く、余剰資金を預けておくのに適しています。

　中リスクには「株式投資」「投資信託」が当てはまります。

　最もリスクが高い金融商品には、「絵画」「貴金属」などが入ります。

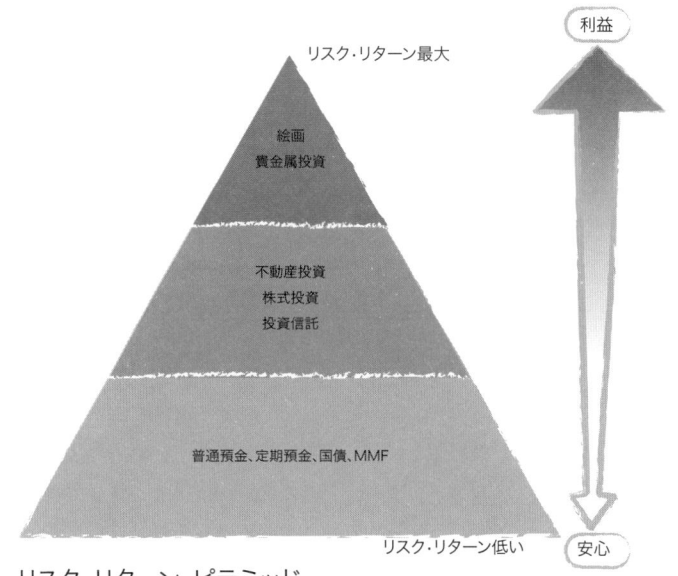

リスク・リターン・ピラミッド

絵画や貴金属は、素人目には価値を正確に評価するのが困難です。流動性リスクも高いです。買い手を探すのも大変だし、しかも買い手側も大金を用意する必要がありますから、換金には時間がかかります。

「先物取引」と「オプション取引」

また、高校生向けでない大人向けの投資リスク・ピラミッドでは、**「先物取引」**と**「オプション取引」**が頂上にきます。

先物取引とオプション取引は、現物市場の取引と反対側のポジションに前もって投資をしておき、予想されるリスクを避けるリスクヘッジ（リスク回避）の方法です。

先物取引は、ある商品を特定の日に、現時点で取り決めた価格で取引することを約束する権利です。

将来的にその商品価格が上がると思えば「ある価格である時期に買う」約束をします。

その時期に市場価格が約束の価格よりも高くなっていれば、市場価格（高い）と約束の価格（安い）との差が利益になります。

将来的にその商品価格が下がると思えば「ある価格である時期に売る」約束をします。

その時期に市場価格が約束の価格よりも安くなっていれば、市場価格（安い）で実物を購入し、約束の価格（高い）で売ることで利益を出すことが可能です。

オプション取引の場合は、将来的な「取引できる権利」を売買するのです。あくまで権利なので「行使をしない」という選択もできます。

先物取引とオプション取引は主に企業や機関投資家などが、1つ

の取引で損が出そうな場合に、その反対の取引をしておくことでリスクをヘッジしたり、利益を出すために考えられた保険の意味合いが強い取引形態です。

また、この手の取引は、保険の発想で作られたために少額の資金で多額の取引ができます（レバレッジがきく）。そのため、最近では投資対象として見る人が多くなってきました。

ただし、少額の資金で多額の取引ができるということはリターンが大きい反面、リスクも大きいということを肝に銘じておく必要があります。

投資の3つのルール

1. 早くはじめること（Start early）
2. 投資したお金はそのままにすること
　（Keep your money invested）
3. 多角化・分散化すること（Diversify）

ワールド・リスク・ピラミッド

The world risk pyramid

金融商品のリスクを知る

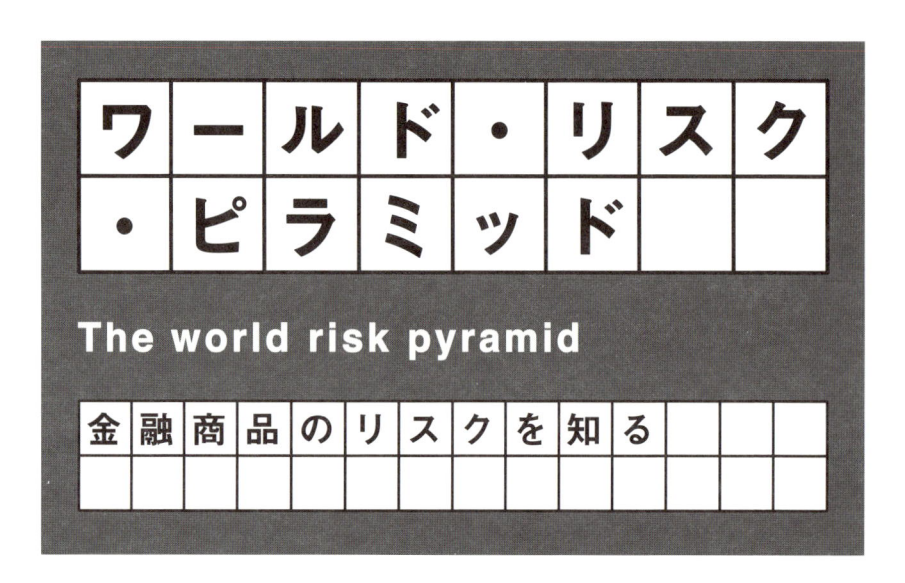

上の方は単にハイリスクなだけ

　本章の最後に「**ワールド・リスク・ピラミッド**」を紹介しましょう。金融商品の詳細な投資リスクを判断するのに使えます。

　ピラミッドの上の方にあるものほど、リスクが高くなります。先ほどの**リスク・リターン・ピラミッド**とは違って、ワールド・リスク・ピラミッドは上にあるからといって、リターンが高いとは限りません。

「インカムファンド」と「連邦預金保険公社の保険付き預金口座（FDIC-insured savings accounts）」は、アメリカ独自の金融商品です。

「最高リスク」にある「ジャンクボンド」「ジャンクボンドを含んだ投信」ですが、この「ジャンクボンド」とは、一般的には、格付がスタンダード・アンド・プアーズ（S&P）社、ムーディーズ社によってBBないしBa以下のものとされる低格付国（社）債券をさし

ピラミッド図:

- ジャンクボンド
- ジャンクボンドを含んだ投信
- 低位株(Penny stocks)

- 成長株
- 成長株を含んだ投信
- アクティブ・ファンド

- インカム・ファンド
- インデックス・ファンド
- 債券投信
- 地方債(地方公共団体債)、社債
- 優良株(Blue-chip stocks)

- 国債、譲渡性預金(Certificates of deposit)
- MMF、普通預金口座
- 連邦預金保険公社の保険付き預金口座(FDIC-insured savings accounts)
- など

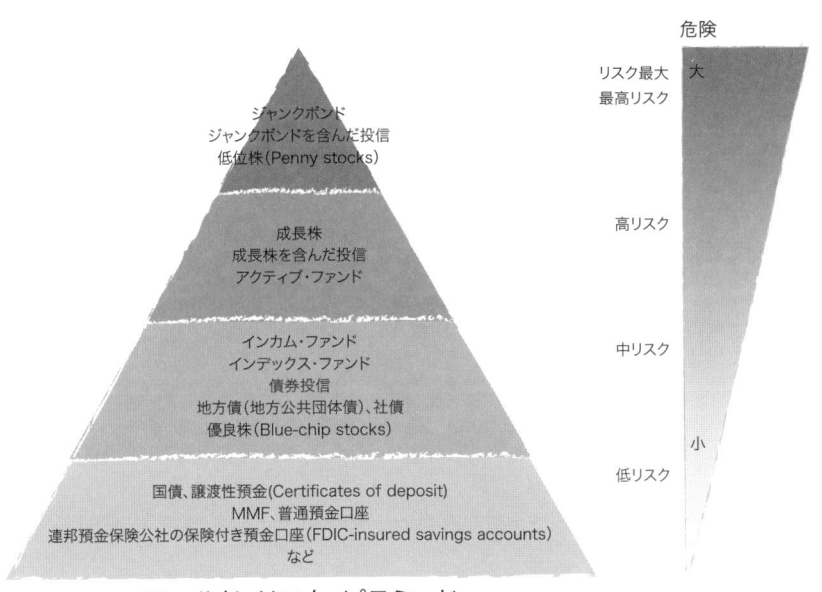

危険 大/小
リスク最大 最高リスク
高リスク
中リスク
低リスク

ワールド・リスク・ピラミッド

ます（ジャンクとは「がらくた」という意味です）。
「低位株（Penny stocks）」のPenny（ペニー）とは少額貨幣のこと。すなわち株価水準の低い株式です。

　なぜ株価が低いかといえば、業績が不安定、成長が見込めない、倒産の可能性もあるといったことが予想されるからです。しかし、株価が上がればリターンも期待大です。

　でも、どれほど株価が上がるかは誰にもわかりません。
「高リスク」にある「成長株」「成長株を含んだ投信」の「成長株」とは、今後の株価上昇が見込まれると分析されている株式です。
「アクティブ・ファンド」とは特定の指数（ベンチマーク）を上回るパフォーマンス（成績）をあげるように運用が計画された投資信託です。
「上回るようがんばります」とファンドマネジャーはがんばってい

ますが、実際の成果は出てみないと誰にもわかりません。

「中リスク」の「インデックス・ファンド」は「アクティブ・ファンド」と異なり、特定の指数（ベンチマーク）と連動する値動きをするように計画された投資信託です。指数と同様の値動きをするのですから、大きな損が出るとは考えにくいのです。

「インカム・ファンド」とは、株式からの配当や保有債券からの利息（クーポン）など定期的な所得が分配されることに重きを置いた投資信託です。

ファンドの将来的な成長性よりも、分配される収益を重視している投資信託の一種です。可能な限りリスクを少なくした保守的な投資であり、値動きが定まらない成長株は避けられています。

過大なリスクよりも、確実なキャッシュフローを求める退職者や投資家に人気があります。

ピラミッドの一番下には預金や国債がきます。国債や定期預金などは、元本が保証されていてリスクが低いためです。

ここにMMFも入ります。

☞ **MMFとは「Money Market Fund」の略です。MMFは投資信託の一種で、証券会社の商品です。**

また、この図には入っていませんが、同様の金融商品に「**MRF（Money Reserve Fund）**」というものもあります。安全性の高い金融商品で運用される投資信託です。MRFも証券会社の商品で、多くの証券会社の口座（証券総合口座）がMRFになっています。

証券総合口座にお金が預けられると、自動的にMRFを購入し、逆に証券総合口座からお金が移動する（引き出しや投資によって）と、自動的にMRFは解約されます。MMFに比べて収益性は低いで

すが、期間の制限がなく、流動性が高い（現金化しやすい）のです。

　銀行の普通預金口座に預けるよりも余分なお金は証券会社のMRFのある証券総合口座に預けた方が有利な運用といわれています。

　連邦預金保険公社の保険付き預金口座（FDIC-insured savings accounts）とは、金融機関が破たんしても預金者の預金を保護する役目を持つ連邦預金保険公社（FDIC）の保険が掛けられた銀行預金のこと。FDICに加盟する銀行が破たんした場合、FDICは預金者1人当たり10万USドルまでの普通預金や当座預金、譲渡性預金を対象に保険金を支払うことになっています。

日本の預金保険制度では、金融機関が破たんしても当座預金なら全額が、定期預金や普通預金なら元金1000万円までとその利息が保護されます。

第5章

「お金を守る」
かしこい方法

リスクマネジメントの巻

リスクヘッジ
Risk hedge

あなたの味方は時間、敵はインフレ

インフレリスクをヘッジするには

　この章ではリスクとリスクヘッジについて考えてみます。
　本書をここまでお読みになって、あなたが今から何をはじめればいいか、おわかりいただけたでしょうか。
　今までの仕事や生活を見直し、できるだけ収入を増やし、無駄な支出を減らしていくこと。
　少しでも貯蓄を増やし、より利率の高い複利運用を心掛けることです。
　高利率の運用ができる金融商品の場合は、ハイリターンも期待できますが、「商品」なので、手数料もかかりますし、さまざまなリスクがあることも頭に入れなくてはなりません。
　……あとは利子がどんどん膨らんでいくのを待つ。時間を味方に付けるのです。
　このときに気を付けたいのは、インフレリスク（通貨の価値が下がり、モノの価格が上がっていく）です。あなたが預金したお金が膨らんでいるように見えたものの、実はインフレ率（物価上昇率）

が高く、金利で増加した分を食いつぶしていた！という場合です。

こうした**インフレリスクに強いといわれているのが、株式と不動産です。**

株式がなぜ強いかといえば、インフレで高くなったモノを販売しているのは企業です。その企業が売り上げを伸ばせば配当金も増やすでしょうし、企業自体の価値が上がり、その株式は人気が出るというわけです。

不動産はモノですから、インフレで値上がりしたモノの価格とともに上昇することが考えられるのです。ただ、1つ1つの価格が数千万円とか数億円とか高いのが難点です。

インフレに強いからといって、株式と不動産をやみくもに買えばいいということでもありません。特に株価は、世の動向やさまざまなニュースに合わせて上下することもあります。

また、株式も不動産も値上がりする企業・地域もあれば、いくら景気が良くても値下がりし続ける企業・地域もあります。しかも、株式、不動産の価格を見て一喜一憂していたら、心穏やかな日常生活は送れません。

投資を分散してリスクをヘッジする

あるいは、投資にともなうリスクを考慮しながら、収益性と安全性を追求しようとするなら、株式と国債の両方に投資をしておくのはどうでしょう。

というのも、株式と国債は反対の動き方をするから（4章で見たように**景気がよければ株式○、国債×、景気が悪くなれば株式×、国債○**といった動きです）です。このためにそれぞれを買えば、一方で大きく損をしても、もう一方ではより大きな利益が出て、結果

的に利益が大きいということもあり得るのです。

　こうしたリスクを考えて投資をするのが「**リスクヘッジ**」です。

　さまざま投資対象の中から、想定されるリスクに合わせた保険をかけるのです（ヘッジをかける）。

　リスクヘッジとはどういうものか、第4章でも紹介したアメリカの格言「**すべての卵を1つのバスケットに盛るな**」をイメージしていただければ、おわかりになるでしょう。

　たとえば、**卵（お金）を株式と国債という2つのバスケット（金融商品）に分散する。株式と国債の両方をもっていれば、どちらかの価格が落ち込んでも、もう片方は上昇するので、両方に投資しておくことはリスクヘッジの1つの方法ということになるのです。**

　ただし、国そのものの経済状態が悪いと、株価も国債の利回りも良くないということもあります。

　そんなときには、バスケットを置く場所、すなわち投資する国そのものを変えるということです。

　たとえば、今の日本がそんな状態です。日本国内では金利が低く、金融商品の利率も低い。企業の成長見通しも低く、株価も上がりません。海外へ投資先を探す動きが出てきています。

　日本国内ではなく、より成長力のある外国（たとえばBRICsなどの新興国）に投資することで、その国の成長の恩恵を得るという方法をとるのです。

　このほかに、特定の富裕層や機関投資家を対象にした「**ヘッジファンド**」というものがあります。これは、私募形式で集めた資金を、空売りやデリバティブ（金融派生商品）取引を通じて、どんな経済状況下でも利益をあげることを目標としたファンドです。

　このファンドは、公募によって資金を集める通常の投資信託とは異なりますが、現在の世界的な資源高にもこうしたファンドがから

んでいるといわれています。

☞空売りとは、証券会社に信用のある投資家は、証券会社に貸株料を払うことで、持っていない株式を借りて売ることができます。そうすることで、その株式が値下がりするときに利益を出すことができるのです。たとえば、1株100円の株式が80円に下落するときに、100円で空売りし、下落した80円で株式を買い戻し、証券会社に返却すれば、1株につき20円の利益を得られる。

リスクヘッジ

すべての卵（お金）を1つのバスケット（金融商品）に盛るな

海外への投資
Investment in foreign countries
お金は成長率の高い国に集まる

経済成長率の高い国を狙え!

　最近では、海外への投資も増えてきました。日本国内の金融商品は利率も低く、長期間預けていても利息はほんの少しといった状況では、海外へ興味が向くのは自然な流れです。

　金融の世界には、次のような言葉があります。

　「**お金は成長率の高い国に集まる**」というものです。お金は水と反対の習性を持っているといわれます。低いところに流れるのが水ですが、お金は高いところ、成長率の高いところに集まります。

　成長率とは、その国の発展のスピードを示す指標です。

　毎年、1国の生産活動によって生み出される付加価値を合計したものが「**GDP（国内総生産）**」ですが、GDPは通常であれば、毎年わずかながら増えています。

　このGDPの伸びを「**経済成長率**」といいます。

　日本の経済成長率は、近年では2％台、新興国といわれるブラジル、中国などは4〜10％台を記録しています。

　成長率の高い国では、生産と消費が活発に行われますから、次第

にモノが不足（需給がひっ迫する）し、物価が上がり、お金の価値が下がるインフレになってきます。

すると、インフレが気になるその国の中央銀行は、インフレを抑制するため政策金利を引き上げようとするのです。政策金利もインフレを追いかけるように上がっていくのです。

政策金利はその国の金利の指標ですから、政策金利に合わせて、個別の金融商品の金利も上がっていきます。

つまり、**成長率が高くインフレ率も高い国とは、金利の高い国ということなのです。**

こうして成長率が高く金利も高い国にお金が集まるのです。

低金利の日本のような国で預けるよりも、高金利の海外の金融機関に預けておく方が得だというのはおわかりになるでしょう（その金融機関に日本人を含む外国人の口座開設が可能かにもよりますが）。

しかし、リターンの高いところではリスクも高くなる、これもパーソナルファイナンスのルールです。

海外ではリスクが増えるのです。投資収益があるように見えて、インフレによる上昇分を引いたら、実質の伸びはマイナスだったというインフレリスクや、投資した先がつぶれかねない信用リスク、換金しようにも現金にするのに時間がかかる流動性リスクは、国内同様にあります。

信用リスクの場合、国によっては突如デフォルト（債務不履行）を宣言して「いっさい借金をチャラにする」などといい出すこともあります。その国の経済や政治情勢などに関連した**カントリーリスク**もあります。国家が破たんしてしまうのです。戻ってくるお金は、元本の数％が戻ってきたらラッキーなどというアンラッキーな事態が待っているのです。

また、証券市場で売買している主体が自国ではなく海外の機関投資家である場合は、その機関投資家がお金を引き上げると、国内にはもう取引相手がいなくなり、国内企業の株を売ろうにも買い手がつかないなんて事態も想定できます（**流動性リスク**）。

「為替リスク」に気を付けろ！

　また、リスクの中の大きなものが「**為替リスク**」です。
　その国の為替レートの影響をもろに受けるのです。
　たとえば、アメリカにとても利率の高い金融商品があったとします。
　1年で7％の利息が付く口座です。
　そこに100万円を預けたとします。このとき為替レートは、1ドル＝100円でした。1万ドルを預けたという計算になります。
　すると、1年後には1万700ドルになっていますね。
　喜び勇んで銀行でドルから円にお金を換えます。
　そのとき為替レートは、1ドル＝93円になっていたとします。
　円に戻すと、

1万700ドル×93円＝99万5100円

が手元に戻ってきます（手数料は考慮しない）。
　為替レートがそのまま（1ドル＝100円）だったら、107万円になっているはずが99万5100円と、利息分はおろか、元金から5000円近くも損をすることになってしまいました。
　1年待って損をしただけという結果になってしまいました。
　これを「**為替差損**」といいます。

為替差損の反対に「**為替差益**」もあります。

先ほどのケースで問題の原因は、1年後にドルから円に戻すときの為替レートでした。1ドル＝100円が1ドル＝93円になってしまったために大きな損失をこうむったのです。

反対に、1ドル＝100円が1年後に1ドル＝107円になったとして計算してみましょう。

円に戻すと

1万700ドル×107円＝114万4900円

が手元に戻ってきます。

為替レートがそのまま（1ドル＝100円）だったら107万円のはずが、114万4900円と、何と1年で14万4900円の利益が出たのです！

これが**為替差益**です。

7％の利息のほかに為替差益をプラスして、実質的には約14.5％の利回りとなりました。

変動相場制の為替レートは刻一刻と変わっていきます。

こうした為替差益が出るようなタイミングを見計らうことが大切なのです。

また、今回の「1ドル＝100円→107円」のように、1ドルに対する円の価値が低くなることを「**円安**」といいます。**円安になったときに、為替差益が出るのです。**

ということは、反対に「**円高**」になると、**為替差損が出ます。**

たとえば、先ほどの「1ドル＝100円→93円」のように、1ドルに対する円の価値が高くなることを「円高」というわけです。

外貨預金、外国為替証拠金取引（FX）などへの投資を考える際には、為替レートについてきちんと理解しておく必要があります。

海外への投資

海外に投資した人は、自分がドル建資産（ドルで価格表示し、決済する資産）に投資したときに1ドル＝100円ならば、日本円に戻したいときには1ドル＝107円のように、円安になってほしい。
　しかし、再びドル建資産に投資するときには、1ドル＝100円の円高に戻ってほしいと願うのです。

「お金は高いところが好き」の公式

お金は成長率の高い（金利の高い）国に集まる

```
┌─────────────────────────────────────┐
│ │外│国│為│替│ │ │ │ │
│ Foreign exchange                    │
│ │為│替│予│約│と│F│X│ │ │ │ │ │ │ │ │
│ │ │ │ │ │ │ │ │ │ │ │ │ │ │ │ │ │
└─────────────────────────────────────┘
```

円高と円安のどちらがいい？

　為替差益は円安になったときに出ます。

　私たちからみれば円高よりも、「円安バンザイ！」ということでしょうか。だとすれば、政府に円安になるような政策を実施するように求めていく必要がありますね。

　いや、そうとも限らないのです。

　円安だと円の価値が低くなるため、日本国内では、たとえばアメリカからの輸入品が高くなるのです。アメリカからの輸入品を日本で販売している企業はダメージを受けます。彼らは、円高であることを望むのです。

　実は、円高になることは、私たちにとっても悪いことではありません。

　円高だと、円の価値が高くなっているので、アメリカに旅行したときに、安く買い物ができるのです。

　……と円高と円安のどちらが望ましいかは時期や、人それぞれの立場によって変わってくるのです。

日本は「**変動相場制**」を採用しているために、**為替レートは刻一刻と変わっていきます**。

　海外で営業活動をする企業や、機関投資家などは、1年に1度、決算という形で収入と支出をまとめる必要が出てきます。そのタイミング次第で、大損をかぶる場合が出てきます。

　このため、**為替予約**をしておきます。これもリスクヘッジです。
　将来のある時期に1ドル＝100円といった先物レートで為替取引をする約束をあらかじめ金融機関としておくのです。

　その時期が到来したときに1ドル＝70円といった円高のレートになってしまって為替差損が出そうになっても、為替予約のおかげで損失を最小限に抑えられます。

反対に、将来1ドル＝150円といった円安レートになって、想定した1ドル＝100円の場合よりも、為替差益が出そうになっても、為替予約があるために、その恩恵には浴せませんというリスクもあります。

　また、瞬間、瞬間で交換レートが変わっていく外国為替取引で利益を得ている人もいます。**通貨交換の瞬間的な差益を狙って、売買するのです。それを行うのが「為替ブローカー」と呼ばれる業者**ですが、最近では一般の人々もこの取引に参加できるようになりました。

　これが「**外国為替証拠金取引（FX）**」です。**円高の状態のときに、外貨を購入し、円安になったところでその外貨を売る**ことで利益を得るのです。

　もともとは少額で大きな保険がかけられるリスクヘッジの意味合いがあって、**少額のお金（証拠金）でその百倍程度までの取引ができるように設計されています（レバレッジ＝てこの効果）**。

　ただし、百倍の取引ができるために、リターンも百倍ですがリスクも百倍とリスクも大きいのです。

為替レートはどう決まる？

　では、為替レートはどうやって決まるのでしょうか。

　まず、両国の金利差によっても大きく変わってきます。

　たとえば、A国（金利高い）とB国（金利低い）の為替レートを見てみましょう。

　A国の通貨建てで預金をしているだけで、高い金利が付くのですから、B国内をはじめとする投資家は、その通貨を欲しがります（B国からA国への資本流出）。

☞そうなればその通貨（A国の通貨）の交換レートは有利に変化します。

A国の通貨・高＝B国の通貨・安

　しかし、他方で高金利のために企業の設備投資や個人の住宅購入が冷え込めば、景気が悪くなることが予想されます。
　そうなればA国の株価は下がるので、B国をはじめとする投資家はA国の株式に魅力を感じなくなり、手放したり、買おうとしなくなります。
　その結果、A国の通貨への需要は減ります。

A国通貨↓＝B国通貨↑

　と、交換レートは変化します。
　このように通貨にも取引される市場があり、「欲しい！」人が多ければ多いほど通貨価値が上がります。少なければ価値は下がります。
　変動相場では自由な市場の取引に応じてこのように為替レートが変わるものです。
　ただ、為替レートの水準は、これだけの要素では決まりません。物価（購買力平価）や経常収支、先物取引など、さまざまな要素がからんで決まってくるのです。
　ここまで変動相場が複雑なのであれば、いっそのこと昔のように1ドル＝360円といったような固定相場にすればいいと考える方もいるでしょう。
　しかし、固定相場にした場合には、貿易不均衡が解消されないま

まになってしまうのです。たとえば、日本の貿易が好調で黒字（輸出が多い状態）が続いたとしても、変動相場なら日本から輸入した国は代金を円で支払う必要があり、円が人気になります。そこで、円高になって黒字を減らす方向に働くことになるので、自動的に調整されるというわけです。

　固定相場ではこの調整機能が働きません。貿易の不均衡が解消されないまま、赤字国の不満が募るだけになってしまいます。

☞ **日本の経済規模が拡大し、貿易黒字が増え続けたため、最大の赤字国アメリカは1ドル＝360円が維持できなくなり、1971年に1ドル＝308円になったあと（スミソニアン協定）、1973年に変動相場制へと移行したのです。**

円高でドルを買って円安で売るのがセオリー

　円高のときに日本円を外貨に換金する。
　→金利の高い商品で運用する。
　→円安のときに日本円に戻す。

リスクを管理する原則

　インフレリスク、流動性リスク、信用リスク、価格変動リスク、カントリーリスク、為替リスク……世の中にはたくさんのリスクがあります。金融の世界だけではなく、現実的な生命・身体のリスクもあります。事故や病気という目の前のリスクです。
　こうしたリスクを管理するには、次のような原則があります。

・リスクの回避（リスクを避けること）
・リスクの低減（リスクを減らすこと）
・リスクの保持と抑制（リスクを保ったまま抑えること）
・リスクの転嫁（リスクをほかに移すこと）

　生命の危険にさらされるリスクを題材に、リスク管理の方法の原則を考えてみましょう。
　たとえば、「自動車に乗る」場合です。ここには、「事故」というリスクがあります。

このリスクをどう管理したらいいでしょうか。
　まず、「リスクの回避」としては、「自動車に乗らない。ほかの交通手段を利用する」ということが考えられます。
　次に、「リスクの低減」をしたいならば、「シートベルト着用」でしょう。
　また、「リスクの保持と抑制」を考えると、「安全運転を心がける。交通ルールの順守。車の点検を怠らない」といったことをして万が一の場合も最小限にとどめます。
「リスクの転嫁」をしたいなら、「運転者を雇う」という方法があります。
　このようにして、リスクにどのように対応するかを考えます。
　仮に、あなたはどうしても自動車での移動が必要だということであれば、十分に点検された自動車をお抱え運転手に運転をしてもらって、シートベルトを着用します。
　しかし、それでも、こちらに何の落ち度がないにもかかわらず事故に巻き込まれてしまったとしたら、どうでしょう。あなたと運転手はケガ、車も大破してしまいました。

保険

こんなときのために、自動車を運転する人全員が強制加入する「**自賠責保険（自動車損害賠償責任保険）**」という保険があります。
　これは、自動車の運転により生じた人身事故の被害者を救済するための保険であり、他人を死傷させ、法律上の賠償責任を負ったら保険金が支払われるというものです。
　自賠責は法律により、契約締結が強制されています（**強制加入**）。この保険契約を締結せずに、違反すると、罰金刑に処せられます。
　さて、事故を起こした相手は無謀にも自賠責保険にも入っていませんでした。治療費や修理代を請求しようにも、財産が一銭もないため、自分たちで負担することになってしまいました。
　このように高価な車にキズが付いたら、あなたがケガをしてしまったら……、こうしたリスク管理の中で出てくるのが、保険という発想です。

保険のさまざまな種類

　保険は、将来起こるかもしれない社会生活上のリスクに備えるために、多数の人が公平にお金を出し合って備える助け合い（相互扶助）の制度です。この助け合いの参加料が保険料です。
　しかし、そのリスクがどれくらいの確率で発生するのか、また、保険料の負担はどのくらいになるのか。そのリスクが現実に発生して被害を受けたときに支払われる保険金はいくらくらいになるのか……こういったことを計算し、保険商品を作り、保険料を預かり、手数料を取り、運用し、保険金を支払う……といった仕事をしているのが保険会社の役割です。
　民間の私営保険は「**生命保険**」と「**損害保険**」に分類されます。
　今回の事故の場合、ケガに関しては生命保険、車の修理に関して

は損害保険の範囲です。

生命保険には死亡した場合の「**終身保険**」「**定期保険**」があります。

損害保険とは損害に対して補償がなされる保険です。「**火災保険**」「**自動車保険**」「**傷害保険**」「海上保険」などがあります。

損害保険は通常、事故による現実の損害額だけが契約保険金額の範囲内で支払われます。これを「**実損填補**(じっそんてんぽ)」といいます。

この保険は、自分のもっている財産に応じてかけていくものです。高級車にキズが付いたら、豪邸が火事になったら、高価な宝石が盗まれたら……その財産に保障が必要であればあるほど、その価値に対して、保険をかけておく必要性が出てきます。

生命保険でも損害保険でもない第三の保険として、病気やケガで治療を受けたり、入院した場合に補償する医療保険、介護保険、ガン保険があります。

今回の自動車事故のケースでは、医療保険と自動車保険に入っていたので補償されました。

しかし、こうした保険に入っていても、「運が悪い」としかいいようのない事故に巻き込まれてしまうものです。

リスクの確率によっても、保険の加入者の人数によっても、保険料は変わってきます。

また、事故を起こしやすい人ほど事故にあう確率が高いので保険料が高くなり、事故に無縁の人ほど保険料は低くなります。

その保険に加入するかどうかはその人が決定することです。

ところが、その人その人の決定に任せない保険もあります。それは公的なシステムで保障すべき部分の保険です。

健康保険（病気になったときに治療費・入院費を保障する）
年金保険（老後の生活費を保障する）

介護保険(介護が必要になったときに生活費を保障する)
労災保険(仕事中にケガや死亡したときに治療費・入院費を保障したり、休業補償、遺族援護を行なう)
雇用(失業)保険(失業したとき、次の仕事が見つかるまでの生活費を保障したり、育児休業・介護休業の給付を行なう)

　……こうした保険がなければ不安でしょう。国民の最低限の生活を保障する上で、欠かせないものです。このため法律を定めて、公的なシステムとしています。

　しかし、適用の度合いは国によってまちまちです。フランスなどのように、日本よりも手厚い保険のある国もあります。

　アメリカでは健康保険も、低所得者層、65歳以上の高齢者、障害者をのぞけば、民間の保険会社が扱っています。保険料(掛け金)が高いため、健康保険に加入しない人も多く、また民間企業が運営するため保険の加入審査がきびしく、既往症(たとえば糖尿病など)があることを理由に加入を断られることもあります。

　そして、契約者が病気や事故に巻き込まれたときは、莫大な治療

費を請求されることになります。こうした保険をどうすべきか。国が面倒を見るか、このまま企業の自由に任せるか——。これが最近のアメリカの医療における政治的な争点にもなっています。

金融商品としての保険

　また、保険商品は、金融商品といえるような側面もあります。

　保険商品には**積み立てた保険料が満期に戻ってくる積立てタイプと、保険料が戻ってこない掛捨てタイプ**があります。

　積立てタイプの中に、貯蓄機能が重視されたものとして、死亡しなくても満期になれば同額の保険金がもらえる養老保険、こども保険、定期付き終身保険などがあります。

　ただ、貯蓄機能とはいえ、保障機能も付いているため、必ずしも払い込んだ保険料全額が戻ってくるわけではありません。

　期間途中で解約した場合の方が保険金が多く入ってくるケースもあります。このとき契約者に返還される金額を「**解約返戻金**(かいやくへんれいきん)」と呼びます。

　最近では、「**変額保険**」という商品も保険会社が出してきました。これは株式や債券を中心にして預かった保険料を運用するというものです。その実績に応じて保険金額が変動するのです。

　払い込んだ保険料は法律で決められた範囲内で税金が優遇される（所得控除される）ために、こういったリスクの高い金融商品が出てきました。

　私たちはさまざまなリスクを想定して保険を考える必要があります。

　しかし、保険とはいえ、商品であり、手数料なども多いことを理解した上で、保険選びをする必要があります。

おわりに

　アメリカではパーソナルファイナンスの研究が盛んです。
　パーソナルファイナンス教育のためのテキストも数多くあります。
　この本は、アメリカの小・中・高校生向けにNCEE（アメリカ経済教育協議会）が出版した『*Financial Fitness for Life*』（全10冊 2001年）と、**Jump $tart Coalition for Personal Financial Literacy**（ジャンプスタート連合）が制定、提唱する学習内容基準『**National Standards in Personal Finance**』第3版、2007年）に準拠しています。
　NCEE（アメリカ経済教育協議会）とは、幼稚園児から高校生までを対象に、経済リテラシーを高めることを目的に1949年に設立されたアメリカの非営利組織です。
　また、Jump$tart Coalition（ジャンプスタート連合）とは、アメリカの若者のパーソナルファイナンス・リテラシーの向上を目的に、200以上の団体・企業・学会などが集まって1995年に結成した非営利組織です。

　この本は、アメリカの経済教育とパーソナルファイナンス教育の研究者たちとともに、経済リテラシーとパーソナルファイナンス・リテラシーを研究している私たち（山岡、淺野）が、日本人向けにパーソナルファイナンスを講義したという設定で編集したものです。
　皆さんがより良い明日を送るのに、お役に立てれば幸いです。

巻末付録 パーソナルファイナンスの公式集

第1章

> かしこい選択　費用・便益アプローチの式
>
> **最優先すべきもの・純便益＝便益－費用**
>
> 便益とは報酬や知識・技術の習得など。
> 費用とは得るために使うもの。時間、お金、労力など。
> 純便益が最大になる選択肢がベストの決定として選択されるべき。

労働力が足りなければ、労働力の価値は上がる。
つまり、賃金や給料は高くなる。
→買い手（企業）間の競い合いにより、価格は上がる⬆

労働力が余っていれば、労働力の価値は下がる。
つまり、賃金や給料は安くなる。
→売り手（労働者）間の競い合いにより、価格は下がる⬇

買い手側の競い合いで価格が上がる場合

……企業にとって魅力的で、特別なスキルをもつ人がいれば、企業間で競争して賃金をせり上げる。

売り手側の競い合いで価格が下がる場合

……ほとんどの人ができる単純労働では、「働きたい」人たちの間で賃金の低価格競争が始まる。つまり、「ほかの人よりも安い賃金で働くから、雇ってほしい」。

正社員と非正規雇用の違い

正社員……昇進、昇給、賞与、社会保険がある。
非正規雇用（フリーター、派遣社員、契約社員）
……昇進、昇給、賞与、社会保険がない。

> **人的資本は次の3つの要素からなっている。**
>
> ・身体的能力（体力）
> ・知的能力（知力）
> ・創造的能力（創造力）

> **貯蓄＝可処分所得－消費**
>
> 「Paying yourself first」（まずは自分に投資せよ）

第2章

> ### 金融機関の役割
>
> お金を預ける／借りる
> 　　……都市銀行、地方銀行、ゆうちょ銀行、信用金庫・組合など
> お金を預ける／運用する
> 　　……信託銀行、証券会社、保険会社
> お金を借りる……クレジット会社、消費者金融会社

稼いだお金を貯蓄に回す2つの方法

・今よりも多くのお金を稼ぐ……収入を増やす
・支出額を今よりも少なく抑える……支出を減らす

システマティックな意思決定モデル

第1段階　直面する問題を特定する。
第2段階　選択肢をリストアップする。
第3段階　判断基準を決める。
第4段階　選択肢を判断基準に従って評価する。
第5段階　選択肢の中から1つを選ぶ決定を行なう。

お金を借りる人の「信用」は3つのCで表される

返済意思（Character）……本気で返済する気はあるか？
返済能力（Capacity）……返済するお金はどこで用意するのか？
担保（Collateral）……返済できない場合の責任は？

景気のアクセルの役割

日本銀行の政策金利が低い。→金融機関の融資の金利も低くなる。→お金を借りやすい。

銀行の預金金利が下がる。→家計や企業は預金をしないで消費や投資をはじめる。→その効果で世の中の景気が良くなる。

景気のブレーキの役割

日本銀行の政策金利が高い。→金融機関の融資の金利も高くなる。→なるべくお金を借りたくない。

銀行の預金金利が上がる。→利息目当てに預金する家計や企業が増える。→みんなの財布のヒモが固くなり、世の中の景気が悪くなる。

インフレーション（インフレ）

通貨の供給量が増加してお金の価値が下がると、相対的にモノの価値（名目価格）が上がる。

デフレーション（デフレ）

通貨の供給量が減ってお金の価値が上がると、相対的にモノの価値（名目価格）が下がる。

スタグフレーション

景気後退の中で物価高が起きること。日銀が政策金利を上下することで、インフレをコントロールするという通常の手段が通じなくなる。

実質金利＝名目金利－インフレ率（期待インフレ率）

第3章

キャッシュフローがマイナスの家計（資金不足の家計）…×
　現金が入ってくる以上に出て行く額が多い
キャッシュフローがプラスの家計（資金余剰の家計）…◯
　出て行くお金を入ってくるお金よりも低く抑える

金融機関の利率の内訳

貸し手（金融機関）
　↓
利率の内訳
・金融機関の利益
・インフレリスク
・借り手が返済不能になるかもしれないリスクの見返り
（借り手の信用）
　↓
借り手（消費者）

クレジット会社や消費者金融金融機関の利率の内訳

借り手（信用があまり高くない）が返済不能に陥るリスクが怖い！

貸し手（クレジット会社、消費者金融）
　↓
利率の内訳
・クレジット会社・消費者金融の利益
・**借り手が返済不能になるかもしれないリスクの見返り(大)**
・インフレリスク
　↓
借り手（消費者）

第4章

> 投資……流動性、リターン（収益）、リスク（損失の危険）という観点から比較可能な金融商品に、自分の資産（お金）を投じること。
>
> 投機……流動性が低かったり、リターンが大き過ぎたり、リスクが大き過ぎたりする。

社債とは、企業と投資家の借金契約

決められた利息が定期的に支払われ、満期日には発行時に約束された（額面金額）を償還（返済）される金融商品

信用リスクに注意！

投資の3つのルール

1. 早くはじめること（Start early）
2. お金は預けたままにすること（Keep your money invested）
3. 多角化・分散化すること（Diversify）

第5章

リスクヘッジ

すべての卵（お金）を1つのバスケット（金融商品）に盛るな

「お金は高いところが好き」の公式

お金は成長率の高い（金利の高い）国に集まる

円高で買って円安で売るのがセオリー

円高のときに日本円を外貨に換金する。

→金利の高い商品で運用する。
→円安のときに日本円に戻す。

補論「72のルール」

複利計算の式

A$(1+r)^n$＝B　　　(1) 式

ここで、
　A：元金
　B：複利で運用した時の満期時の元利合計額
　r：年利率
　n：運用年数

「72のルール」で、満期時の元利合計（B）が元金（A）の2倍になると置けば、

B＝2A

これを(1)式　　　と、

A$(1+r)^n$＝2A

両辺をAで割ると、

$(1+r)^n$＝2　　　(2) 式

(2) 式について、常用対数（底を 10 としたもの）を取ると、次のように表わせる。

$$n \times \log_{10}(1+r) = \log_{10}2 \qquad (3)式$$

(3) 式を変形すると、

$$n = \frac{\log_{10}2}{\log_{10}(1+r)} \qquad (4)式$$

(4) 式で、$\log_{10}2$ の値（10 を何乗すれば 2 になるかを示す指数）を常用対数表を使って探すと、0.3010 が求められる（つまり、10 の 0.3010 乗が 2 ということ）。

(4) 式で n = 10（10 年）と置けば（つまり 10 年で元利合計を 2 倍にすることを考えると）、右辺の分母 $\log_{10}(1+r)$ が分子 $\log_{10}2$（= 0.3010）の 10 分の 1 でなければならない。

つまり、$\log_{10}(1+r) = 0.03010$ となるような値を常用対数表で探すと、その近似値として $\log_{10}1.072 = 0.0301948\cdots$ が求められる。

従って、1 + r = 1.072 となり、

r = 0.072

つまり、**年利率が 7.2%** であれば、複利で運用した元金の元利合計が 10 年後には元金の 2 倍になることがわかる。

また、r を 0.1（**年利率 10%**）とすれば、(4) 式の分母 $\log_{10}(1+0.1) = \log_{10}1.1$ の値は、常用対数表で $0.0413927\cdots$ とわかる。

そうすると右辺は、$0.3010 \div 0.0413927 = 7.2718\cdots$ となり、約 7.2 年で元金が複利運用されて 2 倍になることがわかる。

要するに、**複利の年利率×運用年数＝ 72** となって、「72 のルール」が成立する。

索引

億万長者ゲーム ……… 15

オプション取引 ……… 200

あ

アウトソーシング ……… 62

アクティビティ ……… 69

アクティブ・ファンド ……… 194

意思決定 ……… 91

インセンティブ（経済的誘因）
　　　　　　　　……… 18,49

インデックス・ファンド ……… 194

インフレーション（インフレ）
　　　　　　　　……… 108

インフレリスク ……… 116,208

インフレ率 ……… 115

円高 ……… 215

円安 ……… 215

か

外貨預金 ……… 215

外国為替証拠金取引（FX）
　　　　　　　　……… 215,219

介護保険 ……… 226

解約返戻金 ……… 227

価格変動リスク ……… 169

格差社会 ……… 8

格付け ……… 182

家計簿 ……… 85

火災保険 ……… 225

可処分所得 ……… 72

株価 ……… 170

株式 ……… 165

株式相場 ……… 170

株式相場表 ……… 173

株主総会 ……… 165

空売り ……… 211

為替差益 ……… 215

為替差損 ……… 214

為替ブローカー ……… 219

為替予約 ……… 218

為替リスク ……… 214

為替レート ……… 219

元金 ……… 16

元金均等型 ……… 126

間接金融 ……… 167

カントリーリスク ……… 213

元利均等型 ……… 126

機会費用 ……… 47,89

希少性 ……… 41,88

期待インフレ率 ……… 117

キャッシュフロー ……… 32

供給 ……… 170

金融機関 ……… 78

金利 ……… 79

クレジット会社 ……… 80

クレジットカード ……… 97

クレジット・ビューローシステム
　　　　　　　　　　……… 148

グロース株ファンド ……… 194

グローバリゼーション ……… 61

グローバル・ソブリン・ファンド
　　（グロソブ）……… 193

景気後退 ……… 112

景気のアクセルとブレーキ
　　　　　　　　　　……… 105

経済成長率 ……… 212

契約社員 ……… 62

健康保険 ……… 63,225

索引　241

公開会社 ……… 166

公開市場操作 ……… 113

「高校卒業」の価値 ……… 65

小切手換金店 ……… 3

国債 ……… 180

固定金利 ……… 133

固定資産 ……… 132

雇用保険 ……… 63,226

コール市場 ……… 103

さ

債券市場 ……… 186

先物取引 ……… 200

サブプライム ……… 147

サブプライムローン ……… 36,101

時価会計 ……… 34

資金不足の家計 ……… 123

資金余剰の家計 ……… 123

自己資金（純資産）……… 24

自己責任 ……… 7

資産 ……… 24,41

市場原理 ……… 7

実質金利 ……… 115

実損填補 ……… 225

仕手筋 ……… 174

自動車保険 ……… 225

自賠責保険（自動車賠償責任保険）
……… 224

社会保険料 ……… 63

社債 ……… 179

借金 ……… 96

終身保険 ……… 225

出資法違反 ……… 156

需要 ……… 170

純資産 ……… 131

純便益 ……… 44,94

傷害保険 ……… 225

償還 ……… 179

証券会社 ……… 79,168

消費 ……… 73

消費者金融会社 ……… 80

仕訳 ……… 26

審査 ……… 142

信託 ……… 79

信託銀行 ……… 79

人的資本 ……… 69

信用 ……… 101,142

信用リスク ……… 148,168,181

スキル ……… 58,70

スタグフレーション ……… 112

政策金利 ……… 103

正社員 ……… 62

生命保険 ……… 224

損益計算書 ……… 30,176

損害保険 ……… 224

た

貸借対照表 ……… 24

担保 ……… 101

単利 ……… 19

中央銀行 ……… 103

長期金利 ……… 185

直接金融 ……… 167

貯蓄 ……… 16,73

賃金 ……… 48

通貨交換所 ……… 149

定期保険 ……… 225

デフォルト（債務不履行）……… 181

デフレーション（デフレ）……… 111

デフレスパイラル ……… 112

デリバティブ（金融派生商品）
……… 210

投機 ……… 158

東京証券取引所 ……… 175

投資 ……… 154

投資信託 ……… 191

投資の3つのルール ……… 197

東証株価指数（TOPIX）……… 175

トレードオフ ……… 43,94

な

ニアプライム ……… 147

日経平均株価 ……… 174

日本銀行 ……… 103

ねずみ講 ……… 160

年金保険 ……… 63,225

ノーロード投信 ……… 195

ノンバンク ……… 80,104,141

ノンプライム ……… 147

は

売却益（キャピタルゲイン）
……… 166

配当金（インカムゲイン）……… 166

派遣社員 ……… 62

パーソナルファイナンス ……… 7,18

バランスシート ……… 24,130

バリュースタイル ……… 194

非公開会社 ……… 166

非正規雇用 ……… 62

費用 ……… 44,94

費用・便益アプローチ ……… 44,93

複式簿記 ……… 26

複利 ……… 16

複利のマジック ……… 17,125

負債 ……… 24, 96

プライム ……… 147

フリーター ……… 62

フリーランチ ……… 80

ペイデー・ローン ……… 4, 149

ヘッジファンド ……… 210

便益 ……… 44, 94

変額保険 ……… 227

返済意思 ……… 102

返済能力 ……… 102

変動金利 ……… 133

変動相場制 ……… 218

法定預金準備率 ……… 113

保険会社 ……… 80

ホームエクイティローン ……… 150

ま

民間銀行 ……… 145

無形固定資産 ……… 132

無限連鎖講 ……… 163

名目金利 ……… 115

ら

利潤の最大化 ……… 56

リスク ……… 156, 222

リスクヘッジ ……… 210

リスク・リターン・ピラミッド ……… 198

利息 ……… 16, 100

リターン（収益）……… 156

利付債 ……… 179

リボルビング払い ……… 98, 128

利回り ……… 186

流動資産 ……… 131

流動性 ……… 156

流動性リスク ……… 168,214

レバレッジ ……… 219

労災保険 ……… 226

わ

ワーキングプア ……… 64

ワールド・リスク・ピラミッド ……… 202

英数字

114のルール ……… 20

144のルール ……… 20

3C ……… 101

72のルール ……… 20

GDP（国内総生産）……… 212

MMF（Money Market Fund）……… 199

MRF（Money Reserve Fund）……… 204

NCEE（アメリカ経済教育協議会）……… 8

P/L ……… 176

PER（株価収益率）……… 173

Rent-to-own ……… 4,149

著者プロフィール

山岡道男（やまおか みちお）

早稲田大学大学院アジア太平洋研究科教授
1948年、東京生まれ。
早稲田大学大学院経済学研究科博士課程中退。学術博士（早稲田大学）。
専門は、アジア太平洋地域の国際交流論、経済学教育論。
主な著書に『経済学部卒てない人のための経済がよくわかる本』（明日香出版社）がある。

淺野忠克（あさの ただよし）

山村学園短期大学コミュニケーション学科専任講師
1951年、東京生まれ。
早稲田大学大学院経済学研究科修士課程修了。
専門は、国際経済学、経済教育論、高等教育論。

アメリカの高校生が読んでいる資産運用の教科書

2008年10月8日　第1版　第1刷

著者　山岡道男、淺野忠克
発行人　髙比良公成
発行所　株式会社アスペクト
　　　　〒101-0054
　　　　東京都千代田区神田錦町3-18-3　錦三ビル3F
　　　　Tel. 03-5281-2551／Fax. 03-5281-2552
　　　　http://www.aspect.co.jp/
印刷所　株式会社暁印刷

© YAMAOKA Michio, ASANO Tadayoshi, 2008 Printed in Japan

＊本書の無断複写・複製・転載を禁じます。
＊落丁本、乱丁本は、お手数ですが弊社営業部までお送りください。送料弊社負担でお取り替えします。
＊本書に対するお問い合わせは、郵便、FAX、またはEメール：info@aspect.co.jpにてお願いいたします。
　電話でのお問い合わせはご遠慮ください。

ISBN978-4-7572-1550-4

アスペクトの好評既刊

アメリカの高校生が読んでいる 経済の教科書

山岡道男
淺野忠克

なんだ経済って、こんなに簡単だったのか！

米国経済教育協議会（NCEE）は、自国の高校生のために経済教育教科書『経済学習のスタンダード20』を作成しています。本書は、『経済学習のスタンダード20』の内容を日本人向けにアレンジした入門書の決定版です。利息や税金、銀行と金利、保険と投資といった身近な経済学から、パーソナルファイナンス、財政政策、外国為替相場などグローバルな視点にたった経済学までをやさしく解説します。経済システムが明解にわかり実生活にも活用できる1冊です。

1680円 | A5判 | 240頁
978-4-7572-1476-7